La BIBLIA del DISCIPULADO para la Familia

NUEVO TESTAMENTO

CHRIS CHAVEZ
Ilustrado por
MIKE BROWN

Traducido por Beyla Montez

LUCIDBOOKS

La Biblia del Discipulado para la Familia: Nuevo Testamento

Publicado por Lucid Books en Houston, TX
www.LucidBooksPublishing.com
and
Wyden Publishing en Katy, TX
www.wydenpublishing.com

eISBN: 978-1-63296-405-2
ISBN: 978-1-63296-389-5

Ventas especiales: La mayoría de los títulos de Lucid Books están disponibles en descuentos especiales por cantidad. La imprenta personalizada o extracto también se pueden hacer para adaptarse a las necesidades especiales. Póngase en contacto con Lucid Books en Info@LucidBooks Publishing.com.

Para Heather Chavez – Gracias por quien eres. Te amo mucho, y en la preparación de este libro, te aprecio de una manera que nunca soñé. Como mi ayuda ideal, no eres sólo un ayudante que apoya a su hombre, sino eres absolutamente necesario para que yo haga algo significativo para el reino de Dios. No hay visión del reino de Dios para la familia Chavez sin ti. Nunca supe lo que necesitaba, y aún hoy no sé cuánta bendición serás para mí en los años venideros. Eres la evidencia tangible del gran amor que Dios tiene por mí diariamente. Te amo y deseo poder amarte aún más. Mantente firme porque Dios me ayudará a convertirme en el hombre que mereces.

Para Antonio, Moriah, Samuel, y Thaddeus – Este libro fue impulsado por mi deseo de darles una fundación lo más firme posible. No puedo cambiar sus corazones pero puedo enseñarles y apuntarlos al Padre Celestial que les ama más de lo que yo jamás pueda. Un día, ustedes comprenderán que yo profundamente deseé darles todo lo que nunca tuve.
¡Papa les ama!

Para Dr. Freddie Gage (1933-2014) – Muchas personas evangelizan pero un evangelista es alguien totalmente diferente. Ganar almas es lo que respiran. Dr. Freddie Gage me enseñó más sobre el evangelismo que cualquier otro libro o lección bíblica simplemente siendo quien Dios lo hizo. Las palabras no pueden expresar cuán agradecido estoy de haberlo conocido. Más allá de ver el don evangelístico en el trabajo, me mostró que amar a la gente significa haciendo lo que otros no hacen para amar a la gente.

Chris Chavez

Quiero agradecer a mi padre, el teniente coronel Gene E. Brown, quien falleció durante la producción de este libro. También quiero agradecer a mi madre, Regina Brown, cuya fuerte voluntad mantuvo a mi padre vivo el tiempo suficiente para asegurar que sus nietos siempre recuerden a su "Pockets". A mi amorosa esposa, Cheree, y mis cuatro hijos maravillosos – Abby, Luke, Lydia, y Phoebe – Dios me ha honrado con la familia más amorosa que ciertamente no merezco. La paciencia que me han mostrado durante estos últimos dos años discutiendo los eventos del día mientras yo estaba encadenado a mi mesa de dibujo ha sido una verdadera bendición. Por último, también me gustaría agradecer a Kristin Bergh. Trabajando contigo en los colores siempre es una alegría, y sé la dificultad que tuviste al trabajar a través de la pérdida de tu hermana.

Michael Brown

Tabla de Contenido

Empezando con el Discipulado Familiar

Historias Bíblicas del Discipulado Familiar

Empezando con el Discipulado Familiar

¡Bienvenidos, Padres!

Estamos muy contentos de que haya elegido utilizar esta Biblia. *La Biblia del Discipulado para la Familia* fue creada para equiparle al seguir el mandato de Dios de enseñar a sus hijos los caminos del Señor. En Deuteronomio 6:4-7, encontramos el llamamiento más claro para que los padres sean los maestros primarios en la vida de sus hijos.

> Escucha, Israel: El Señor nuestro Dios es el único Señor. Ama al Señor tu Dios con todo tu corazón y con toda tu alma y con todas tus fuerzas. Grábate en el corazón estas palabras que hoy te mando. Incúlcaselas continuamente a tus hijos. Háblales de ellas cuando estés en tu casa y cuando vayas por el camino, cuando te acuestes y cuando te levantes.

Los devocionales rutinarios ya sean diarios o semanales, son sólo un aspecto del discipulado. Como saben, los niños aprenden incluso cuando no estamos enseñando intencionalmente una lección específica. Así que los padres que viven sus creencias, son tan importantes como lo que enseñan, y en la mayoría de los casos, puede ser el mayor evangelio para los niños. Realmente creemos que para ser mejores padres, debemos ser transformados en la imagen de Cristo más y más.

Mientras tanto, esperamos que este recurso le ayude a plantar semillas, regar y cultivar el terreno de los corazones de sus hijos en la esperanza de que Dios les dé el crecimiento espiritual (1Corintios 3:6). El uso de este recurso fortalecerá sus relaciones familiares y le proporcionará la oportunidad para que usted tome la iniciativa de ser el maestro principal en la vida de sus hijos.

Recuerde que ya no está bajo la ley, sino bajo la gracia de Dios, así que el tener devocionales regulares no le gana nada. Eso también significa que el no tener devocionales regulares no lo hace menos creyente, y perder uno o dos no trae vergüenza. No hay condenación para los que están unidos a Cristo Jesús (Romanos 8:1), así que embarque en este viaje de crianza como un padre libre que escoge vivir como esclavo de Cristo.

Dese cuenta que el camino hacia una mayor alegría se encuentra en el cumplimiento de los mandatos de Dios. Los padres tienen la increíble oportunidad de ser parte de la historia de Dios en la salvación de sus hijos. Dios no necesita a nadie para traer la salvación de un niño, y nadie puede impedir a Dios de salvar a un niño tampoco. Encontramos nuestra mayor alegría al seguir el mandato de Dios de predicar el evangelio y hacer discípulos.

Dejen como padres abrazar nuestro campo de misión incorporado: el hogar. Allí tenemos la oportunidad de proclamar libremente el evangelio diariamente, tanto en la palabra como en la acción. Una vez que se salva un niño, tenemos la oportunidad incorporada de discipular al niño diariamente. Esta Biblia no es *la* herramienta para ayudarle, pero sí es *una* herramienta que esperamos le resulte útil. Siéntase con completa libertad de no estar de acuerdo con algunos conceptos teológicos al leer las historias bíblicas y otros textos de este libro.

Fuera del evangelio, hay mucha libertad en lo no esencial, así que si no le gusta como está escrita una historia en particular, siéntase con libertad de cambiarla. Lo mismo va para el catecismo. Si encuentra otra respuesta más fiel a las escrituras o más conforme con lo que espera enseñar a sus hijos acerca de Dios, favor de cambiarla. Esta no es una herramienta de devocionales Bautista, Católica, Iglesia Bíblica o Metodista, sino más bien una herramienta que se puede usar por cualquier padre que quiere un poco de ayuda para guiar a sus hijos al Dios Altísimo. Espero que encuentre gran gozo en pastorear a su familia hacia Dios en todas las cosas.

Bendiciones a su familia,
Chris Chávez
Autor

Ideas Devocionales y Plantillas

¿Qué aspecto tiene un devocional familiar?

Para ser honesto, el aspecto de un devocional familiar realmente depende de usted. Puede usar estas herramientas juntas o mezclarlas o combinarlas según lo que vea adecuado. Por ejemplo, si usted siente que sus devocionales actuales están haciendo lo que usted espera, pero quiere comenzar a catequizar un poco, podría agregar un elemento del Sonido Bíblico. Si ese es el caso, los catecismos le mostrarán preguntas para hacer diariamente, semanalmente o incluso periódicamente. Una gran cosa acerca de catequizar es que en muchos casos, los padres aprenden las respuestas también. Así que incluso los nuevos creyentes pueden discipular a sus hijos mientras también aprenden.

Las posibilidades de lo que pueden hacer juntos son infinitas. Usted puede experimentar y ver lo que funciona mejor para su familia. Lo bueno de los devocionales es que pueden evolucionar a medida que su familia crece en tamaño y en el conocimiento de Dios. Esta Biblia no pretende ser un manual de instrucciones sino un recurso para que los padres engrandezcan el discipulado en el hogar.

El aspecto que esta biblia familiar tenga en su hogar sólo está limitado por su imaginación. Esperamos que canten, actúen historias bíblicas, hagan preguntas profundas, y crezcan tanto como sus hijos.

Hay algunas muestras de cómo impartir creativamente historias bíblicas en la página siguiente.

Devocionales Completos

1. Niños Pequeños: Devocional Diario o Semanal para antes de acostarse (20-30 minutos)

- Leer Historia Bíblica (5-10 minutos)
  - *Jesus Storybook Bible* es excelente para la edad de niños pequeños
  - Haga preguntas sencillas y dialogue sobre la historia
- Sonido Bíblico (5 minutos)
- Cantar juntos (5 minutos)
- Escuchar (1 minuto)
- Oración Familiar (5 minutos)
  - Familia, amigos, los perdidos, líderes del gobierno
- Bendición de las Escrituras (2 minutos)

2. Edad Primaria: Devocional Diario o Semanal para antes de acostarse (25-40 minutos)

- Leer Historia Bíblica (5-10 minutos)
  - Hacer preguntas y dialogar sobre la historia
- Sonido Bíblico (5 minutos)
- Memorizar Escritura Bíblica (5 minutos)
- Cantar juntos (5-10 minutos)
- Oración Familiar (5-10 minutos)
  - Familia, amigos, los perdidos, líderes del gobierno
  - Escuchar ocasionalmente *
- Bendición de las Escrituras (2 minutos)

3. Edades Mixtas: Devocional Diario o Semanal para antes de acostarse (30-45 minutos)

- Leer Historia Bíblica (10-15 minutos)
    - Actuar una historia
- Sonido Bíblico (10 minutos)
- Memorizar Escritura Bíblica (5 min)
- Oración Familiar (5-10 minutos)
    - Familia, amigos, los perdidos, líderes del gobierno
- Bendición de las Escrituras (2 minutos)
- El padre canta un canto sobre cada niño como una bendición antes de dormir
    - Arrulla a los niños más pequeños cuando sea posible

4. Edades Mixtas: Devocional Diario o Semanal para antes de acostarse (25-40 minutos)

- Leer Historia Bíblica (10-15 minutos)
    - Responda a preguntas y dialogue sobre la historia
    - Permita que los niños dirijan el diálogo
- Cantar juntos (10-15 minutos)
- Oración Familiar (5-10 minutos)
    - Familia, amigos, los perdidos, líderes del gobierno
    - Escuchar ocasionalmente*
- Bendición de las Escrituras (2 minutos)

Devocionales Cortos (Noches tarde, Conduciendo a Casa, Día Agitado)

1. Niños Pequeños: (10-15 minutos)

- Los padres leen una historia de *Jesus Storybook Bible* (5 minutos)
    - Señale temas importantes, ideas

- Oración Familiar (5 minutos)
    - Familia, amigos, los perdidos, líderes del gobierno
- Bendición del Padre (2 minutos)

2. Edades Mixtas: (10-15 minutos)

- Los padres leen una Historia Bíblica de cualquier Biblia infantil
    - Señale temas importantes, ideas
- Oración Familiar (5 minutos)
    - Familia, amigos, los perdidos, líderes del gobierno
- Bendición del Padre (2 minutos)

3. Edades Mixtas: (10-15 minutos)

- Sonido Bíblico (5 minutos)
- Oración Familiar (5 minutos)
    - Familia, amigos, los perdidos, líderes del gobierno
- Bendición del Padre (2 minutos)

4. Edades Mixtas: (15-25 minutos)

- Leer Historia Bíblica (5-10 minutos)
    - Señale las ideas clave
- Oración Familiar (5-10 minutos)
    - Familia, amigos, los perdidos, líderes del gobierno
- Bendición del Padre (2 minutos)

Otras Ideas Simples para Devocionales

1. Actúe una historia bíblica con trajes hechos en casa
2. Enseñe a los niños sus cantos favoritos de adoración.

3. Escoja un país, aprenda sobre el país, y ore por ese país.
4. Camine alrededor del vecindario y ore por sus vecinos.
5. Celebre el aniversario de cuando Dios contestó una oración familiar. Por ejemplo, Dios salvó a la abuela de cáncer el año pasado. Lección: Recordando que las victorias del pasado nos da esperanza en las luchas futuras.
6. Forme un círculo y en el centro coloque una foto de una familia misionera. Entonces oren por ellos de nombre.

***Escuchar –** Una cosa que los padres olvidan hacer es simplemente escuchar a Dios. Todos estaríamos de acuerdo que tanto como nuestra naturaleza humana y el enemigo nos dice mentiras – *No eres inteligente. No puedes hacerlo. Eres feo. Eres un niño malo-* y otras mentiras. Podemos despedirlos como inofensivos o podemos ser intencionales en enseñar a nuestros hijos a "llevar cautivo todo pensamiento" (2 Corintios 10:5).

Una práctica sencilla es simplemente que sus hijos escuchen a Dios. Deles una simple pregunta para repetir y luego ayúdeles a emparejarlo con el carácter de Dios para que puedan aprender a reconocer la verdad. Queremos enseñarles a combatir las mentiras como lo hizo Jesús – con la verdad que se encuentra en las escrituras – pero primero necesitamos ayudarles a reconocer las mentiras. Un ejemplo sería preguntar: "¿Qué piensas de mí, Dios?" Si ellos "escuchan" algo, puede uno preguntarles si eso se escucha como algo que Dios diría. Siempre debe comenzar sus preguntas con el hecho de que si escuchan algo o no escuchan algo, eso no es el punto. El punto es recordar que Dios quiere hablar con nosotros, y que debemos honrarlo simplemente "escuchando" de vez en cuando. El que ellos escuchen les ayuda a comprender prácticamente que a Dios le gusta construir y no destruir. Y siempre es importante preguntar si recuerdan un escritura bíblica durante la oración. Esto les ayuda a entender que la forma predominante de Dios de hablarnos es a través de su palabra.

Herramientas Provistas en este Libro

27 Historias Bíblicas con Preguntas y Respuestas Provistas

Después de leer una historia, puede ser útil tener preguntas preparadas con respuestas para que cualquier padre pueda sentirse seguro de que están sacando elementos clave de la historia. Las preguntas y respuestas intentan ayudar a enseñar a los niños. También les ayuda a desarrollar una visión más amplia de la historia y proporciona una base sólida para la comprensión de todas las escrituras.

Sonido Bíblico/Catecismo (Tres provistos)

El catequizar significa instruir sistemáticamente, especialmente con preguntas, respuestas, explicaciones y correcciones. Por lo tanto, un catecismo es el manual o son las preguntas que se usan para catequizar a alguien. Con el fin de evitar cualquier connotación negativa de la palabra *catecismo*, hemos decidido simplemente llamar a esta herramienta el Sonido Bíblico. Desde la historia de la iglesia primitiva hasta el día de hoy, esta herramienta probada a través del tiempo ayuda a enseñar verdades bíblicas que son vitales para una buena comprensión de quién es Dios y lo qué su palabra dice.

A primera vista, puede parecer que catequizar a los niños pequeños no trabaja, pero es increíble cuánto pueden absorber los niños pequeños. De hecho, los primeros años del desarrollo es cuando un padre quiere introducir la mayor cantidad de información posible. A medida que los niños se desarrollan, esta información se convierten en el pozo del que sacan ayuda cuando sus cerebros desarrollan el razonamiento.

Incluso con niños tan pequeños como dos o tres, usted puede hacer una pregunta por semana y cubrir 52 preguntas en un año. Usted se sorprenderá de cómo los niños recuerdan las respuestas y aún más asombroso es cómo usted las recuerda también. Lo mejor es que usted está leyendo las preguntas con respuestas en frente de usted, y no necesita saber nada. Muchos padres, incluyendo el autor, han terminado catequizándose a sí mismos mientras catequizan a sus hijos.

Usted puede investigar esto más en línea. *Family Shepards: Calling and Equipping Men to Lead Their Homes* por Voddie Baucham, le mostrará cómo esto podría caber en el discipulado de la familia.

Bendiciones de las Escrituras

Estas bendiciones son simplemente pasajes de las escrituras que han sido algo personalizadas para que un padre, madre, abuelos o incluso hermanos mayores puedan orar sobre los niños. Este simple ritual nocturno no sólo le da a los padres y madres la capacidad de orar pasajes de las escrituras sobre sus hijos, sino que también crea la anticipación de ser bendecido por un padre cada noche. El método común es que el padre o la madre coloque su mano sobre la cabeza de cada niño y diga esas bendiciones. Además, estas oraciones pueden usarse para enseñar a un niño a bendecir a otras personas como sus hermanos o incluso sus padres. Usted puede dejar que los niños se turnen al escoger la oración cada noche y disfrutar de la mirada en sus ojos mientras intentan escoger la oración perfecta. Children Desiring God ha producido un recurso llamado *A Father's Guide to Blessing*

His Children que usted puede comprar para obtener una comprensión bíblica de lo que significa una bendición. De hecho, muchas de las bendiciones que proporcionamos son inspiradas por este recurso, y algunas son las mismas. Todo el crédito va a ellos en permitirnos ser parte de su éxito.

Recomendaciones de Cantos

Los niños no deben ser los únicos que cantan a Dios y de Dios. Ellos necesitan ver a sus padres alabarlo también. Los cantos recomendados no son más fundamentales que otros cantos. Pero nuestra esperanza es que su familia descubra cantos que se conviertan en sus cantos familiares y que sus hijos vean el modelo de sus padres alabando a Dios en el hogar. Una gran idea es encontrar videos de estos cantos en el Internet para que puedan aprender la melodía.

Diccionario de Términos Bíblicos Comunes

Estas son definiciones breves que esperamos permanezcan fieles a la Biblia, pero que son fáciles de entender.

Breve Resumen de los Libros del Antiguo Testamento para Referencia o Memorización

Estos son resúmenes simples y concisos que le darán una visión rápida de cada libro. A medida que los niños crecen, estos resúmenes pueden convertirse en buenas herramientas de memoria para conocer mejor la Biblia.

Sugerencias de Pasajes Bíblicos para Memorizar

Una cosa que lamento es que sólo me enseñaron versículos individuales cuando yo era niño. Pero la niñez es el mejor tiempo para aprender porciones de las escrituras. Los cerebros de los niños no están lo suficientemente desarrollados como para razonar y pensar claramente a través de un devocional, pero pueden retener grandes cantidades de información. La niñez es el mejor momento para introducir, tanto como sea posible y a medida de que crecen, pueden pasar de memorizar a trabajar con la información y luego pasar al razonamiento. Memorizar a una temprana edad asegura que tengan un pozo profundo del cual sacar información.

Algunas sugerencias: Use movimientos de mano para cada versículo cuando sea posible. Esto hace que sea divertido y también ayuda a memorizar. Por ejemplo, “El Señor es mi pastor, nada me faltará” (Salmo 23:1), simplemente apunte al cielo cuando diga *Señor* y apunte a si mismo cuando diga *mi*. Realmente es así de simple. Mis hijos han estado aprendiendo Romanos 8 por un tiempo y tenemos movimientos para algunos de los versículos y para otros no. No se trata de tener movimientos de mano perfectos para cada versículo. Se trata de llenar sus mentes con pasajes bíblicos que serán incrustados en sus corazones y sus mentes. Simplemente haga lo que funcione para su familia, ya sean movimientos de mano o memorizando cada versículo a un ritmo – cualquier cosa que ayude a la memoria.

Historias Bíblicas del Discipulado Familiar

1

Anuncio de Juan el Bautista

(Lucas 1)

Dios planeó todo antes de que él creara algo. Dios el Padre, Dios el Hijo, y Dios el Espíritu Santo esperaron el momento oportuno para revelar lo que planeaban; una "buena" creación incluyendo a Adán que era "muy bueno." Pero el pecado de Adán rompió lo bueno que Dios creó y abrió la puerta para que la muerte viniera a toda persona. Entonces, años más tarde, Dios reveló que a través de un hombre llamado Abraham, una nación sería especial, y todas las familias de la tierra serían bendecidas a través de él. Pero justo como Dios le dijo a Abraham, sus descendientes fueron esclavizados en una tierra extranjera. Dios guardó silencio durante 400 años antes de criar a alguien – Moisés – para librarlos de la esclavitud de Egipto.

De manera similar, Dios guardó silencio durante 400 años antes de levantar al libertador de todos los libertadores. El pueblo escogido de Dios, Israel, estaba en la tierra que Dios prometió a Abraham, pero debido a su desobediencia, todavía estaban siendo gobernados por naciones extranjeras. Los romanos gobernaban gran parte del mundo, incluyendo la tierra prometida. Entonces, como un aliento de aire fresco muy necesario, Dios envió un ángel llamado Gabriel con un mensaje especial. El ángel Gabriel se le apareció a un sacerdote llamado Zacarías, mientras ofrecía incienso ante el Señor en el templo. Zacarías y su esposa, Elizabet, eran personas justas, sin embargo Elizabet no podía tener hijos. El ángel le dijo a Zacarías que sus oraciones serían contestadas y que su esposa Elizabet tendría un hijo. Este fue un mensaje maravilloso, pero aún Zacarías se llenó de miedo.

El ángel dijo que el niño tendría un trabajo muy especial que cambiaría todo. Debían nombrarlo Juan, porque él prepararía el camino para el ungido, el Mesías, y él estaría lleno del Espíritu Santo aun antes de nacer. Incluso después de que el ángel le dijo todo esto, Zacarías cuestionó cómo podría saber que realmente esto sucedería. El ángel dijo, “Pero como no creíste en mis palabras, las cuales se cumplirán a su debido tiempo, te vas a quedar mudo. No podrás hablar hasta el día en que todo esto suceda” (Lucas 1:20). La gente se preguntaba por qué Zacarías había estado tanto tiempo en el templo. Cuando él salió, incapaz de hablar, entendieron que debe haber visto una visión.

Ahora, cuando llegó el momento de que Elizabet tuviera su bebé, fue un hijo, tal como dijo el ángel Gabriel. Y cuando llegó el momento de nombrarlo, Elizabet dijo que lo iba a nombrar Juan. Todos la cuestionaron, porque se suponía que sería nombrado después de alguien de su familia y Juan no era un nombre familiar. De inmediato se dirigieron a Zacarías para averiguar lo que él pensaba que el nombre del niño debía ser. Él pidió una tableta y escribió, “Su nombre es Juan” (Lucas 1:63), y de inmediato pudo hablar de nuevo. Trajo gran asombro a todos allí, y todos los que escucharon se preguntaron qué tan especial sería este niño.

Preguntas:

- ¿Qué causó que Zacarías perdiera su habilidad de hablar?
  - *Zacarías no creyó al ángel Gabriel.*
- ¿Qué iba ser lo especial de Juan?
  - *Él iba a anunciar la venida del libertador que Israel había estado esperando.*
- ¿Cómo fue Juan especial incluso antes de nacer?
  - *Él estaba lleno del Espíritu Santo.*

2

Anuncio de Jesús a María

(Lucas 1; Mateo 1)

Con Juan el Bautista, el precursor del Mesías, en camino, el siguiente paso en el plan de Dios era anunciar a su hijo. Una vez más, Dios envió al ángel Gabriel con un mensaje especial. Esta vez, el ángel fue a Nazaret en Galilea y le dijo a una joven virgen llamada María, "¡Te saludo, tú que has recibido el favor de Dios! El Señor está contigo" (Lucas 1:28). Naturalmente, María se sorprendió, pero el ángel le dijo que no tuviera miedo porque había encontrado favor ante Dios. "Quedarás encinta y darás a luz un hijo, y le pondrás por nombre Jesús. Él será un gran hombre y lo llamarán Hijo del Altísimo. Dios el Señor le dará el trono de su padre David, y reinará sobre el pueblo de Jacob para siempre. Su reino no tendrá fin" (Lucas 1:31-33).

María preguntó cómo podía ser, ya que ella era una virgen. El ángel respondió, "El Espíritu Santo vendrá sobre ti, y el poder del Altísimo te cubrirá con su sombra. Así que al santo niño que va a nacer lo llamarán Hijo de Dios" (Lucas 1:35). A diferencia de Zacarías, María respondió con convicción, "Aquí tienes a la sierva del Señor, que él haga conmigo como me has dicho" (Lucas 1:38). María se regocijó cantando sobre lo que Dios iba a hacer a través de ella.

Pero María estaba comprometida con un hombre llamado José, así que tener un hijo que no era suyo era un gran problema. Una vez más, Dios envió un ángel, esta vez a José y le dijo que mantuviera sus planes de matrimonio con María. El ángel habló a José en un sueño y le dijo que el bebé en el vientre de María fue concebido por el Espíritu Santo. Cuando se despertó, José hizo exactamente lo que se le dijo en el sueño. Meses más tarde, tal como Dios dijo, María dio a luz a un hijo – Jesús.

Con eso, el plan de Dios de bajar del cielo y salvar a su pueblo elegido había comenzado. Jesús – con Dios llenando su cuerpo, el libertador que no sólo Israel había estado esperando, sino el libertador que los gentiles ni siquiera sabían que necesitaban – venía.

Preguntas:

- ¿Cómo le dijo el ángel a María que ella iba a concebir ya que era virgen?
  - *El Espíritu Santo vendría sobre ella y el poder del Altísimo la llenaría.*
- ¿Cómo se le apareció el ángel a José?
  - *El ángel se le apareció en un sueño.*
- ¿Hizo María algo para ser elegida como la madre de Jesús?
  - *No, María no hizo nada. Ella fue elegida porque encontró el favor de Dios.*

3

El Nacimiento de Jesús

(Lucas 2)

Historias Bíblicas

Después de que José y María se casaron, César Augusto, el gobernante de Roma, decretó que todos debían regresar a su ciudad natal para ser contados. Eso significaba que debido a que eran descendientes del rey David, tendrían que dejar Nazaret y viajar a Belén. Pero cuando llegaron a Belén, María estaba lista para dar a luz. Sin embargo, no había lugar donde quedarse. Así pues, sin alojamiento, María dio a luz a Jesús, lo envolvió en pañales y lo acostó en un pesebre. ¿Cómo podría ser esto? ¿No es este el Mesías anunciado por un ángel? ¿Cómo es que Dios no pudo reunir a todas las personas importantes de la ciudad para presenciar su nacimiento?

Justo después de que Jesús nació, Dios reunió a algunas personas, pero no a la gente que pensamos. En los campos, en la oscuridad de la noche, algunos pastores vigilaban su rebaño. Con la gloria del Señor brillando alrededor, un ángel se les apareció. Naturalmente se llenaron de temor, pero el ángel dijo, "No tengan miedo. Miren que les traigo buenas nuevas que serán motivo de mucha alegría para todo el pueblo. Hoy les ha nacido en la ciudad de David un Salvador, que es Cristo el Señor" (Lucas 2:10-11).

Y como si eso no fuera suficiente, justo después de decirle a los pastores dónde encontrar a Jesús, una multitud de ángeles llenaron el cielo alabando a Dios. Los ángeles pudieron haber sido enviados a cualquier otra gente, pero Dios escogió a los pastores. Así que cuando los ángeles se fueron, los pastores se apresuraron y encontraron a Jesús justo donde se les había dicho. Compartieron con José y María todo lo que los ángeles dijeron. Como uno se puede imaginar una madre hacer, María guardó cada palabra en su corazón. Después de ver la salvación de Dios, los pastores regresaron a su rebaño alabando a Dios por todo lo que habían visto y oído.

Como siempre, los caminos de Dios no son los caminos del hombre. El nacimiento de Jesús ciertamente nos da una idea de cuán diferente fue el plan de Dios a lo que Israel estaba esperando.

Preguntas:

- ¿Por qué tuvieron que salir María y José de Nazaret e ir a Belén?
  - *Porque ambos eran descendientes del rey David.*
- ¿Quién dijo el ángel que había nacido en Belén?
  - *Un Salvador que es Cristo el Señor.*
- ¿De quién eran descendientes José y María?
  - *Eran descendientes del rey David.*

4

El Bautismo de Jesús

(Juan 1; Mateo 3)

En aquellos días, Juan el Bautista predicaba un mensaje de arrepentimiento en toda Judea. Como se profetizó en el libro de Isaías, Juan, un precursor del Mesías, estaba preparando el camino. Él llevaba ropa hecha de pelo de camello y un cinturón de cuero. Su comida eran langostas y miel. Su simple estilo de vida era igualado a su simple mensaje: "Arrepiéntanse, porque el Reino de Dios está cerca" (Mateo 3:2). Y en toda Judea y Jerusalén, la gente venía a ser bautizado por él en el río Jordán. Pero cuando los fariseos y los saduceos vinieron a él, los llamó una cría de víboras y les dijo que dieran fruto de acuerdo con el arrepentimiento. No importaba si afirmaban a Abraham como su padre porque "aun de estas piedras Dios es capaz de darle hijos a Abraham" (Mateo 3:9).

Cuando Juan vio a Jesús, dijo, "¡Aquí tienen al Cordero de Dios, que quita el pecado del mundo! De éste hablaba yo cuando dije: 'Después de mí viene un hombre que es superior a mí, porque existía antes que yo.' Yo ni siquiera lo conocía, pero, para que él se revelara al pueblo de Israel, vine bautizando con agua" (Juan 1:29-31). Jesús vino a Juan y le pidió que lo bautizara.

Aunque Juan no creía que debía bautizar a Jesús, cuando Jesús le dijo que necesitaba bautizarlo para cumplir con toda justicia, Juan eligió obedecer y aceptó bautizarlo.

Cuando Jesús fue bautizado y salió del agua, los cielos se abrieron y el Espíritu de Dios descendió como una paloma y descansó sobre él. Entonces una voz del cielo dijo, "Este es mi Hijo amado; estoy muy complacido con él" (Mateo 3:17).

Y con eso, las buenas nuevas de que Dios estaba recobrando el mundo que él creó, comenzó.

Preguntas:

- ¿Por qué fue bautizado Jesús?
  - *Para cumplir toda justicia.*
- Por qué crees que Juan habló a los fariseos y saduceos de manera en que lo hizo?
  - *Porque ser un descendiente físico de Abraham no les daba derecho a la salvación.*
- ¿Por qué crees que Juan llamó a Jesús el Cordero de Dios?
  - *Porque al igual que Israel sacrificó corderos para expiar el pecado, Jesús se sacrificaría a sí mismo como un cordero sacrificial.*

5

La Tentación de Jesús

(Mateo 4; Lucas 4)

Después de que el Espíritu descendió sobre Jesús cuando fue bautizado, el Espíritu lo condujo a un sendero que ninguno de nosotros podría imaginar. El Espíritu lo condujo al desierto donde Jesús ayunó durante 40 días y 40 noches. Después de todo ese tiempo sin comer, como se pueden imaginar, Jesús tuvo hambre. Estaba justo donde el Espíritu quería que estuviera. Ahora es cuando él iba ser tentado por Satanás, también llamado el diablo, que significa calumniador o acusador.

De inmediato, el diablo dijo, "Si eres Hijo de Dios, manda que estas piedras se conviertan en pan" (Mateo 4:3). Pero Jesús respondió rápidamente citando del libro de Deuteronomio: "No sólo de pan vive el hombre, sino de toda palabra que sale de la boca de Dios" (Mateo 4:4).

Una vez más, el diablo trató de tentar a Jesús llevándolo a la cima del templo. Allí retó a Jesús que arrojarse hacia abajo. El diablo trató de citar el libro de los Salmos donde dice que Dios enviaría ángeles para asegurar que Jesús no sería dañado. Pero Jesús sabía que el diablo no estaba usando las palabras de Dios correctamente. Así citando de nuevo Deuteronomio, Jesús dijo, "No pongas a prueba al Señor tu Dios" (Mateo 4:7).

Finalmente, el acusador llevó a Jesús a una montaña muy alta y le mostró todos los reinos del mundo. Él le dijo a Jesús que podía dar estos reinos a quien quisiera, y él se los daría a Jesús si él sólo se postraba y le adoraba. Pero Jesús rápidamente dijo: "¡Vete, Satanás! Porque escrito está, 'Al Señor tu Dios adorarás, y a él sólo servirás'" (Mateo 4:10). Es interesante que Jesús citó el libro de Deuteronomio, pero en lugar de llamarlo el acusador, lo llamó Satanás, que significa adversario.

Y cuando Jesús mandó que se fuera, el diablo lo dejó. Dios envió a sus ángeles para ministrar a Jesús, y cuando regresó a Galilea, regresó en poder del Espíritu.

Preguntas:

- ¿Qué hizo Jesús cada vez que fue tentado y qué nos enseña esto?
  - *Él citó la palabra de Dios y así debemos nosotros conocer la Biblia para luchar como Jesús.*
- ¿De qué libro de la Biblia citó Jesús?
  - *Jesús cito del libro de Deuteronomio.*
- ¿Qué significan los nombres diablo y Satanás?
  - *Diablo significa calumniador y Satanás significa acusador.*
- ¿Quién crees que le dio al diablo los reinos y por qué?
  - *Dios le dio los reinos, porque de alguna manera todo es parte de su plan.*

6

Jesús en la Fiesta de la Boda

(Mateo 4; Juan 2)

Con el poder del Espíritu sobre él, Jesús comenzó a ministrar al pueblo judío en poder. Fue por toda Galilea predicando las buenas nuevas del reino, sanando cada enfermedad y cada aflicción. A medida que su fama se extendió, la gente trajo a sus amigos que estaban enfermos, endemoniados, o aquellos que sufrían de incapacidad física. Jesús los sanó a todos.

Mientras viajaba, predicando del reino y sanando a los enfermos, Jesús reunió a 12 discípulos. Estos no eran hombres de gran importancia. No eran maestros, ni líderes, ni siquiera eruditos. De hecho, eran principalmente pescadores, e incluso un recaudador de impuestos. Sus nombres eran Simón (llamado Pedro), y su hermano Andrés, Santiago y Juan (hijos de Zebedeo), Felipe y Bartolomé, Tomás y Mateo, Santiago, Tadeo, Simón el Zelote, y Judas Iscariote (quien eventualmente lo traicionaría).

Los milagros de Jesús fueron señales para que todos supieran que Dios lo envió. Su primer milagro tuvo lugar en una boda. La celebración parecía que tendría que terminar porque se acabó el vino. María, la madre de Jesús, estaba allí, y cuando se enteró, corrió y le dijo a Jesús. Pero Jesús preguntó qué tenía esto que ver con él, ya que su tiempo aún no había llegado. Pero con gran fe en que Jesús podía prolongar la celebración, María dijo a los discípulos que hicieran lo que él pidiera.

Había enormes frascos y cada uno tenía alrededor de 30 galones de agua. Jesús dio instrucciones para llenarlos con la mayor cantidad de agua que cada uno podía sostener. Cuando los frascos estaban llenos, les dijo que sacaran agua y la llevaran al encargado de la celebración. Aunque sabían que era sólo agua, confiaban en Jesús y la llevaron al encargado del banquete. Pero cuando el encargado probó el agua, de repente el agua se convirtió en vino, y no sólo cualquier vino, sino el mejor vino que jamás había probado. El vino fue tan bueno, que el encargado fue al novio y le dijo que la gente siempre acostumbraba dar vino bueno al principio, y después cambiaban a un vino pobre una vez que la gente había bebido mucho. Pero esta vez no. Esta vez, el mejor vino se guardó hasta el final.

Preguntas:

- ¿Cuántos discípulos tuvo Jesús?
  - *Doce.*
- ¿Dónde realizó Jesús su primer milagro?
  - *En una celebración de boda.*
- ¿Cuál fue el primer milagro de Jesús?
  - *Jesús convirtió alrededor de 30 galones de agua en el mejor vino para que la celebración pudiera continuar.*

7

El Poder de Jesús sobre los Demonios

(Marcos 5)

Una de las cosas más maravillosas de Jesús es el consuelo que él da. Su poder se extiende no sólo a las cosas que podemos ver, sino también a las cosas que no podemos ver. Jesús tiene poder sobre los ángeles que siguieron a Satanás, ahora llamados demonios. Estos demonios siempre intentan causar problemas a la gente para que no confíen en Dios. Pero nunca jamás detienen a Jesús de amar a su pueblo.

Un día después de que Jesús cruzó el mar de Galilea, un hombre se encontró con él que tenía un espíritu impuro, o un demonio. El hombre estaba tan atormentado que vivía entre las tumbas. Las cosas se habían vuelto tan mal que cuando la gente trataba de atarlo con cadenas, simplemente las rompía. No había nadie que pudiera igualar su fuerza. Pero cuando Jesús bajó del barco, el hombre vio a Jesús desde lejos, corrió hacia él y se postró ante él.

Gritando en voz alta a través del hombre, los demonios dijeron, "¿Qué tienes que ver conmigo, Jesús, Hijo del Altísimo? Te ruego por Dios, no me atormentes" (Marcos 5:7). Jesús le preguntó, "¿Cómo te llamas?" y dijo que su nombre era Legión porque "somos muchos" (Marcos 5:9). Le suplicaron a Jesús que no los enviara fuera del país, sino que los enviara a una manada de cerdos cercanos. Jesús les permitió huir a los cerdos, e inmediatamente después de acercarse, la manada corrió al agua y se ahogó.

Cuando la gente oyó esto, vinieron a ver lo que había sucedido. Lo que encontraron fue al hombre que una vez había sido atormentado, estaba vestido con ropa y sano de la mente. Aquellos que habían visto esto tuvieron miedo y rogaron a Jesús que se fuera. Cuando Jesús subió al barco para irse, el hombre suplicó ir con él. Pero Jesús le dijo que fuera a casa de sus amigos y les dijera lo mucho que Dios había hecho por él y la gran misericordia que había experimentado.

Preguntas:

- ¿Los demonios reconocen a Jesús cómo a quién?
  - *Como el Hijo del Altísimo.*
- ¿Eran los demonios más poderosos que Jesús?
  - *No. De hecho, le suplicaron que no los atormentara.*
- ¿Qué dijo Jesús al hombre que había sido liberado de los demonios?
  - *Le dijo que fuera con sus amigos y les dijera lo mucho que Dios había hecho por él y la gran misericordia que había experimentado.*
- ¿Quién tiene poder sobre las cosas que podemos ver y las cosas que no podemos ver?
  - *Jesús.*

8

La Parábola del Sembrador

(Mateo 13) (Una parábola es una historia compuesta que enseña una verdad espiritual.)

Debido a todas las cosas poderosas que Jesús dijo e hizo, grandes multitudes vinieron a verlo y a escucharlo. Subió a un barco de pesca y empujaron el barco no lejos de la orilla para asegurarse de que todos pudieran escuchar las cosas maravillosas que él tenía que decir. Fue mientras que estaba sentado en el barco y hablando con la gran multitud, que contó una de sus parábolas más famosas – la parábola del sembrador. Un sembrador es alguien que siembra o planta semillas con la esperanza de recoger una gran cosecha cuando las semillas crecen.

Jesús contó de un sembrador que plantó algunas semillas y al hacerlo, la semillas cayeron en diferentes lugares. Algunas semillas cayeron a lo largo del camino y los pájaros rápidamente se las comieron. Otras semillas cayeron sobre el terreno rocoso y empezaron a crecer. Pero debido a que la tierra no era lo suficientemente profundo, las raíces no pudieron crecer, y la planta se marchitó bajo el sol caliente. Algunas de las semillas cayeron entre las espinas y las malas hierbas. Cuando estas semillas trataron de crecer, las malas hierbas las ahogaron. Pero había algunas semillas que cayeron justo donde el sembrador quería que cayeran, directamente en tierra buena, rica y fértil. Las semillas que cayeron allí produjeron treinta, sesenta, y hasta cien veces más de lo que se había sembrado. Jesús terminó su relato con estas palabras: "El que tenga oídos, oiga" (Mateo 13:9).

Los discípulos de Jesús le preguntaron qué significaba la parábola y por qué Jesús contaba parábolas. Jesús les dijo que él usaba parábolas para cumplir las palabras del profeta Isaías, que la mayoría de los judíos tendrían oídos, pero no escucharían. Esto tenía que ver con sus años de desobediencia que endurecieron sus corazones y los dejaron resistentes a escuchar lo que Dios tenía que decir. Jesús continuó diciéndoles cuán bendecidos eran porque Dios nunca abandona a su pueblo sin esperanza. Dios les dio ojos que ven y oídos que oyen.

Entonces Jesús explicó la parábola. Las semillas son las palabras del reino y los diferentes terrenos representan los corazones de los que oyen las palabras. La semilla sembrada a lo largo del camino representa a aquellos que pueden oír las palabras con sus oídos pero no las entienden. Entonces el maligno viene y roba lo que fue sembrado en sus corazones. En cuanto las semillas sembradas en el terreno rocoso, estas son personas que oyen la palabra proclamada, y parece que la reciben con gran gozo. Pero cuando los tiempos se ponen difíciles o ellos son tratados mal, rápidamente se alejan de Dios porque no tienen raíces. La semilla sembrada entre las espinas representa a las personas que oyen la palabra proclamada, pero su amor por las riquezas y por las cosas del mundo ahogan las palabras que fueron sembradas, y no dan fruto. Pero la semilla sembrada en la tierra buena representa a los que oyen y entienden y obedecen la palabra. Ellos dan fruto, algunos treinta veces, otros sesenta veces y hasta cien veces más.

Preguntas:

- ¿Por qué contó Jesús parábolas?
  - *Para cumplir la profecía de Isaías que decía que muchos judíos escucharían, pero no entenderían a causa de sus corazones endurecidos.*
- ¿Necesita la semilla caer en tierra buena para producir fruto o puede caer en cualquier lugar?
  - *La semilla necesita caer sobre tierra buena.*
- ¿Debes asumir que tu corazón es tierra buena o debes orar que Dios haga que tu corazón se convierta en tierra buena?
  - *Siempre debes orar que Dios haga tu corazón tierra buena para que puedas oír, entender y obedecer.*

9

El Buen Samaritano

(Lucas 10) (Una parábola es una historia compuesta que enseña una verdad espiritual.)

Una de las más poderosas parábolas que contó Jesús fue en respuesta a una pregunta de un abogado. En ese tiempo, un abogado era un experto en la ley de Moisés. El abogado intentaba poner a prueba a Jesús y le preguntó qué debía hacer para heredar la vida eterna. Jesús respondió a su pregunta con otra pregunta: "¿Qué está escrito en la ley? ¿Cómo la interpretas tú?" (Lucas 10:26). El abogado contestó que uno debe amar a Dios con todo su corazón, alma, fuerza y mente y amar a su prójimo como a sí mismo. Jesús le dijo que era una gran respuesta, y que si él vivía así, tendría vida eterna. Pero el profundo orgullo del abogado causó una pregunta más para Jesús: "¿Y quién es mi prójimo?" (Lucas 10:29). Jesús respondió con una parábola.

Él contó la parábola de un hombre que viajaba desde una tierra lejana cuando de repente unos ladrones lo atacaron. Lo golpearon, tomaron todo lo que tenía y lo dejaron por muerto al lado del camino. Mientras que estaba tirado allí, un sacerdote vino por el camino. Cuando vio al hombre, cruzó el camino y pasó por el otro lado. Luego vino un levita e hizo lo mismo. Cruzó al otro lado del camino. Pero entonces un samaritano, gente a la que los judíos odiaban, vino y vio al hombre. El samaritano tuvo compasión de él.

Fue a él, se ocupó de sus heridas, lo puso en su propio burro y lo llevó a una posada para recuperarse de sus heridas. El samaritano se fue al día siguiente. Pero antes de irse, dio dinero al dueño de la posada y le dijo, "Cuida de él, y lo que gaste usted de más, se lo pagaré cuando yo vuelva" (Lucas 10:35).

Jesús entonces preguntó al abogado cuál de los hombres demostró ser el prójimo del hombre que había sido robado y golpeado. El abogado contestó en voz baja, "El que se compadeció de él." Jesús simplemente dijo, "Anda entonces y haz tú lo mismo" (Lucas 10:37).

Preguntas:

- ¿Qué dos personajes de la historia se negaron a parar y ayudar al hombre que fue robado y golpeado?
  - *El sacerdote y el levita.*
- ¿Qué personaje se detuvo y ayudó al hombre que fue robado y golpeado?
  - *El samaritano.*
- ¿Quién es tu prójimo?
  - *Cualquiera persona con una necesidad que Dios pone en tu camino.*

10

El Hijo Pródigo

(Lucas 15) (Una parábola es una historia compuesta que enseña una verdad espiritual.)

Jesús contó otra parábola que fue así. Había una vez un hombre que tenía dos hijos. Los hijos gozaban vivir con su padre ya que un día llegaría el momento de comenzar sus propias familias. Pero el hijo menor del hombre no pudo esperar hacer lo que él quería hacer. El problema era que no tenía dinero, así que le dijo a su padre que quería su herencia tan pronto posible. Una herencia es lo que un padre da a su hijo después de que el padre muere. El pedir su herencia antes de que su padre muriera, reveló cuán egoísta era el hijo. No sólo quería lo que iba a recibir si su padre muriera, pero también quería dejar a su familia para ir a hacer lo que él quería hacer.

Con un corazón pesado, el padre dividió su propiedad y le dio al hijo menor su parte de la herencia. Justo así, el hijo se fue a hacer las cosas que en su corazón tenía ganas de hacer. Él viajó a tierras lejanas siguiendo la diversión e imprudentemente gastando dinero. Gastó el último de su dinero en el peor momento posible. Hubo una hambre severa a través de la tierra y él necesitaba comer. El hijo encontró trabajo en una tierra lejana, alimentando los cerdos de un hombre. Finalmente, en su punto más bajo, cuando se encontró deseando poder comer la comida de los cerdos, de repente se acordó lo bien que vivían los siervos de su padre. Así que decidió irse a casa.

En el camino a casa practicó lo que iba a decir a su padre: "Padre, he pecado contra el cielo y contra ti. Ya no merezco que se me llame tu hijo; trátame como si fuera uno de tus siervos" (Lucas 15:18-19). Pero el hijo no tenía idea de que su padre había estado esperando y deseando que él volviera a casa.

Y cuando llegó el día en que el hijo regresaba a casa, de lejos el padre lo vio y comenzó a correr hacia él. Lleno de compasión y alegría lo abrazó y lo besó. Esto confundió al hijo y todo lo que pensó hacer fue decir las palabras que había estado practicando todo el camino a casa. Sin escuchar las súplicas de su hijo, el padre llamó a sus siervos diciendo, "Traigan pronto la mejor ropa para vestirlo. Pónganle también un anillo en el dedo y sandalias en sus pies. Traigan el becerro más gordo y mátenlo para celebrar. Porque este hijo mío estaba muerto, pero ahora ha vuelto a la vida; se había perdido, pero ya lo hemos encontrado" (Lucas 15:22-24).

Cuando el hijo mayor vio y escuchó toda la conmoción sobre el regreso de su hermano, se negó a participar en la celebración. Disgustado, le dijo a su padre que él nunca había hecho nada como su hermano menor, y sin embargo nunca había recibido ni siquiera un cabrito para celebrar. El padre simplemente dijo, "Hijo mío, tú siempre estás conmigo, y todo lo que tengo es tuyo. Pero teníamos que hacer fiesta y alegrarnos, porque este hermano tuyo estaba muerto, pero ahora ha vuelto a la vida; se había perdido, pero ya lo hemos encontrado" (Lucas 15:31-32).

Preguntas:

- ¿Había olvidado el padre a su hijo menor o había estado esperando y buscado su regreso?
  - ✧ *El padre había estado esperando el regreso de su hijo.*
- ¿El padre lo aceptó de nuevo como siervo o le dio alegremente todos los beneficios de ser su hijo?
  - ✧ *El padre lo recibió alegremente como su hijo.*
- ¿Crees que el hermano mayor era orgulloso de ser hijo bueno, o crees que estaba agradecido en tener un padre amoroso con grandes riquezas?
  - ✧ *El hijo sólo era orgulloso de su buen comportamiento.*

11

Jesús Resucita a Lázaro de entre los Muertos

(Juan 11)

Hay muchas historias en la Biblia que nos muestran que Dios no siempre hace las cosas de la manera que pensamos que él debe hacerlas. Una de esas historias es sobre un hombre llamado Lázaro, que vivió en Betania con sus hermanas, María y Marta. Las hermanas eran amigas amables y cariñosas de Jesús, y Lázaro también fue muy amado por Jesús. Así que cuando Lázaro se enfermó, las hermanas mandaron llamar a Jesús con la esperanza de que él viniera rápidamente a sanarlo. Pero cuando Jesús escuchó las noticias, eligió quedarse en la ciudad donde estuvo por dos días más.

Después de esos dos días, Jesús dijo a sus discípulos que era hora de ir a Betania. Él dijo, "Nuestro amigo Lázaro duerme, pero voy a despertarlo" (Juan 11:11). Los discípulos de Jesús pensaron que estaba hablando de Lázaro durmiendo porque estaba enfermo, pero Jesús rápidamente los corrigió. Él dijo claramente que Lázaro había muerto.

Cuando Jesús llegó a Betania, Lázaro ya había sido enterrado en el sepulcro desde hace cuatro días. Cuando Marta oyó que Jesús venía, corrió a recibirlo y le dijo que si él hubiera estado allí, ella sabía que Lázaro todavía estaría vivo. Jesús le dijo que Lázaro se levantaría de nuevo. Sabiendo que Jesús no le mentía, Marta creyó en él. Jesús dijo, "Yo soy la resurrección y la vida, y el que cree en mí aunque muera vivirá; y todo el que vive y cree en mí no morirá. ¿Crees esto?" Martha dijo, "Sí, Señor; Yo creo que tú eres el Cristo, el Hijo de Dios" (Juan 11: 25-27).

Al llegar Jesús al lugar donde había sido sepultado Lázaro, María y algunos de los judíos que estaban de luto lo conocieron. Con lágrimas en sus ojos, María dijo lo mismo, que si él hubiera estado allí, sabía que Lázaro aún estaría vivo. Fue entonces cuando Jesús empezó a llorar. Algunos de los judíos notaron esto y se dieron cuenta de lo mucho que Jesús amaba a Lázaro. También se preguntaban, si Jesús podía sanar a un hombre ciego, ¿por qué no podía salvar a Lázaro? Jesús dio la orden de que se quitara la piedra de la entrada a la tumba. Marta le advirtió, que habiendo pasado cuatro días, habría un olor muy malo. Jesús dijo, "¿No te dije que si crees veras la gloria de Dios?" (Juan 11:40). Al quitar la piedra, Jesús alzó sus ojos hacia el cielo y oró en voz alta para que todos pudieran oír. Jesús dio gracias al Padre que ya lo había escuchado, porque sabía que la gente necesitaba escucharlo orar para que creyeran que el Padre lo había enviado. Al terminar su oración, Jesús clamó, "¡Lázaro, sal fuera!" (Juan 11:43). Y de repente, Lázaro se levantó y salió de la tumba. Todavía estaba cubierto con las vendas de lino que cubrían su cuerpo. Jesús dijo, "Quítenle las vendas y dejen que se vaya" (Juan 11:44). Después de ver este milagro, muchos creyeron en Jesús.

Preguntas:

Cuando Jesús escuchó acerca de Lázaro, ¿se fue inmediatamente o se quedó donde estaba?

- *Jesús se quedó donde estaba dos días más.*

¿Qué dijo Jesús acerca de los que creyeron en él?

- *Aquellos que viven y creen en él no morirán.*

¿Por qué Jesús oró en voz alta?

- *Así que cuando resucitara a Lázaro, la gente creería que el Padre lo envió.*

12

Jesús Sana al Siervo del Centurión

(Lucas 7; Mateo 8)

Los judíos siempre han sido el pueblo especial de Dios. Jesús dejó claro que él fue enviado aquí por las ovejas perdidas de Israel. Pero Jesús también vino a ser una luz para los gentiles. Un día, después de su sermón más famoso que llamamos el Sermón del Monte, Jesús se dirigió a Capernaúm. Fue allí donde Jesús se encontró con un hombre gentil que tenía gran fe.

Un centurión romano tenía un siervo que estaba tan enfermo que estaba a punto de morir. El centurión valoraba al hombre y estaba dispuesto hacer todo lo que pudiera para salvarlo. Cuando el centurión romano oyó que Jesús estaba entrando en la ciudad, usó su influencia para tender la mano a Jesús. Él pidió a los ancianos judíos que pidieran a Jesús que viniera a sanar a su siervo. Así que los ancianos le pidieron a Jesús que ayudara a este gentil. Le dijeron a Jesús cuánto había hecho el centurión por el pueblo judío, y cómo incluso gastó su propio dinero para ayudar a construir un lugar para que ellos adoraran a Dios. Al oír esto, Jesús decidió ir a la casa del centurión. Cuando Jesús se acercó a la casa, el centurión salió a encontrarlo.

Lo que el centurión dijo después sorprendió a Jesús. "Señor, no merezco que entres bajo mi techo. Pero basta con que digas una sola palabra, y mi siervo quedará sano. Porque yo mismo soy un hombre sujeto a órdenes superiores, y además tengo soldados bajo mi autoridad. Le digo a uno: 'Ve', y va, y al otro: 'Ven', y viene. Le digo a mi siervo; 'Haz esto', y lo hace" (Mateo 8:8-9). Al escuchar esto, Jesús dijo a los muchos que le seguían, que él no había encontrado ese tipo de fe en todo Israel.

Jesús continuó diciendo que muchos vendrían del este y del oeste y celebrarían con Abraham, Isaac, y Jacob, mientras que muchos judíos serían expulsados donde hay llanto y crujido de dientes. Por esto, Jesús decía que a través de la fe, los gentiles de todas partes disfrutarían del reino de Dios. Jesús le dijo al centurión que se fuera a casa, y debido a que él creyó, su siervo fue sanado. Y su siervo sanó en ese momento, tal como Jesús había dicho.

Preguntas:

- El ministerio principal de Jesús en la tierra fue a ¿los judíos o los gentiles?
  - *Fue a los judíos.*
- ¿Qué reconoció el centurión que los judíos no habían reconocido?
  - *Que Jesús tenía la autoridad de Dios para sanar.*
- ¿Qué se necesita para ser parte del reino de Dios?
  - *Se necesita la fe para creer en Jesús.*

13

Jesús Sana al Ciego Bartimeo

(Marcos 10)

Mucha gente empezó a seguir a Jesús por todas partes para poder oír las cosas que él decía y ver las cosas que él hacía. Un día Jesús y sus discípulos fueron a Jericó. Se encontraron con un hombre ciego sentado a la orilla del camino pidiendo limosna. Su nombre era Bartimeo. Cuando Bartimeo oyó que era Jesús de Nazaret, comenzó a gritar a Jesús que tuviera misericordia de él. A pesar de que era ciego, Bartimeo creía algo sobre Jesús que otros simplemente no podían ver con sus ojos naturales. Bartimeo llamó a Jesús hijo de David, lo que significaba que él creía que Jesús era descendiente del rey David y quien sería el Mesías. Al oír esto, Jesús se detuvo y dijo a sus discípulos que lo llamaran.

La gente podía oír a Bartimeo clamar a Jesús. Pero en lugar de tener compasión de él, le dijeron que se callara. No creían que un limosnero ciego pudiera ser importante para Jesús. Pero eso no detuvo a Bartimeo. De hecho, en lugar de callarse, gritó aún más fuerte. Entonces Jesús hizo la pregunta más dulce que un limosnero ciego podía escuchar: "¿Qué quieres que haga por ti?" (Marcos 10:51). El ciego Bartimeo le pidió lo que más quería en la vida: su vista.

Jesús es la misma definición de compasión – ver a alguien en necesidad, cuidar y luego actuar para ayudar a esa persona de alguna manera. Jesús, el Mesías compasivo, dijo, "Puedes irte; tu fe te ha sanado" (Marcos 10:52). Y de inmediato Bartimeo pudo ver, y empezó a seguir a Jesús.

Preguntas:

¿Tenía Bartimeo fe en Jesús incluso antes de pedir la vista?

- *Sí, cuando lo llamó "Hijo de David" mostró que tenía fe en que Jesús era el Mesías.*

¿Qué significa ser compasivo?

- *Ver, cuidar y actuar cuando alguien está en necesidad.*

¿Qué dijo Jesús a Bartimeo que lo había sanado?

- *Él dijo que su fe lo había sanado.*

14

Jesús Camina sobre el Agua

(Mateo 14; Marcos 6)

Jesús hizo muchos grandes milagros. Éstos eran signos de que él era el Mesías, escogido por Dios. En un par de ocasiones, alimentó a 5,000 personas con sólo unos cuantos peces y piezas de pan. Después de uno de esos días asombrosos donde miles de personas con hambre lo escucharon enseñar, y luego fueron milagrosamente alimentados, Jesús dijo a los discípulos que subieran a un barco de pesca y fueran al otro lado del lago mientras despedían a la multitud de gente. Después de que la multitud se fue, Jesús hizo lo que más le gustaba hacer y subió a la montaña para orar. El tiempo pasó rápidamente mientras que Jesús estaba solo con Dios, y por la noche el barco de sus discípulos se fue alejando de la tierra.

A diferencia de que Jesús estaba en la presencia pacífica del Padre, los discípulos estaban en una terrible tormenta durante toda la noche. El viento y las olas se estrellaban contra el pequeño barco. Cerca de las 4:00 de la mañana, cuando las cosas parecían ser más oscuras, Jesús vino a ellos, caminando sobre el agua. Como pueden imaginar, cuando lo vieron, inmediatamente fueron aterrorizados. Temerosos gritaron, "¡Es un fantasma!" (Mateo 14:26). Con gran compasión, Jesús inmediatamente les habló diciendo, "¡Cálmense! Yo soy. No tengan miedo" (Mateo 14:27)*.

* Ver texto original en griego.

Al oír esto, el discípulo Pedro dijo, "Señor, si eres tú, mándame que vaya a ti sobre el agua." Jesús simplemente dijo, "Ven" (Mateo 14:28-29). Así que Pedro salió del barco y comenzó a caminar sobre el agua, al igual que Jesús. Pero cuando Pedro sintió el viento, el temor sustituyó su fe, y comenzó a hundirse. "¡Señor, sálvame!" gritó Pedro (Mateo 14:30). Jesús inmediatamente tomó su mano. Cuando Jesús lo levantó, Jesús dijo, "¡Hombre de poca fe! ¿Por qué dudaste?" (Mateo 14:31).

Después de una larga noche luchando contra una tormenta, ser asustados por un fantasma sólo para descubrir que era Jesús, viendo a Pedro salir del barco y caminar sobre las olas, viendo a Pedro comenzar a hundirse, oyéndolo clamara a Jesús, y luego ver a Jesús fácilmente rescatarlo, los discípulos deben haber estado listos para que esa tormenta terminara. Sorprendentemente, tan pronto como Jesús subió al barco, el viento y las olas se detuvieron. Los discípulos empezaron a adorar a Jesús, diciendo, "Verdaderamente tú eres el Hijo de Dios" (Mateo 14:33).

Preguntas:

- Después de alimentar milagrosamente a 5,000 personas, ¿qué hizo Jesús?
  - *Jesús fue solo a la montaña para orar.*
- Cuando los discípulos estaban asustados, Jesús dijo, "¡Cálmense! Yo soy. No tengan miedo" (Mateo 14:27). ¿Qué quiso decir con "Yo soy"?
  - *Al decir "Yo soy" Jesús estaba diciendo que él era Dios.*
- Pedro siguió el mandato de Jesús y caminó sobre el agua, también. ¿Qué le hizo empezar a hundirse?
  - *El temor sustituyó su fe.*

15

Jesús durante la Pascua

(Juan 13; Mateo 26)

Uno de los momentos más espectaculares de Jerusalén fue la celebración de la Fiesta de la Pascua. Tres veces al año, Israel – el pueblo escogido de Dios – debía venir a Jerusalén. Esta fiesta en particular era para que el pueblo de Israel recordara la noche antes del día que Dios los libró de Egipto, cuando un cordero sin mancha fue sacrificado y su sangre sin mancha fue colocada en los postes de las puertas. Esa noche Dios envió su plaga final sobre Egipto. El ángel de la Muerte mató al primogénito de cada hogar, pero "pasó por encima" de las casas del pueblo judío quienes cubrieron los postes de sus puertas con la sangre de un cordero sin mancha sacrificial.

Este día de Pascua en particular, Jesús sabía que su obra en la tierra se había hecho y que era hora de regresar al Padre celestial. Jesús hizo que los discípulos prepararan un cuarto donde pudieran celebrar juntos. Ahora, el diablo ya había puesto en el corazón de Judas Iscariote traicionar a Jesús. Judas aceptó guiar a los soldados judíos a Jesús a cambio de 30 piezas de plata.

Durante la cena, Jesús se levantó de la mesa, se quitó sus ropas exteriores, e hizo algo que sólo los sirvientes hacían. Jesús tomó una vasija de agua y comenzó a lavar los pies de los 12 discípulos – no sólo 11 de ellos, sino también los pies de Judas Iscariote. Como al igual que el cordero sacrificial que fue sacrificado para salvar a Israel de la muerte, él sabía que lo iban a matar muy pronto. Jesús sabía que sería arrestado, juzgado y asesinado, incluso aunque era inocente. Este acto final antes de regresar al Padre fue su última lección a sus discípulos. Después de lavar los pies de los discípulos, les explicó que un siervo no es más grande que el mayor. Él les mostró que para ser mayor, uno debe ser un siervo.

Entonces Jesús tomó algunos de los panes sin levadura y se los dio a sus discípulos. Rompiendo y bendiciendo el pan, él dijo, "Toma, come; este es mi cuerpo" (Mateo 26:26). Luego tomó la copa de vino y se la dio a ellos diciendo, "Bebed de ella, todos ustedes, porque esta es mi sangre del pacto, la cual es derramada por muchos para el perdón de pecados" (Mateo 26:27-28). A pesar de todo esto, los discípulos aún no entendían completamente todo lo que estaba a punto de suceder. Después de que terminaron, Jesús y sus discípulos cantaron un himno, y luego se fueron.

Preguntas:

- ¿Cómo enseñó Jesús y demostró grandeza?
  - *Lavando los pies de sus discípulos, incluso los pies de Judas Iscariote.*
- ¿Qué fiesta celebró Jesús con sus discípulos antes de ser arrestado?
  - *Jesús celebró la Pascua.*
- ¿Qué llamó Jesús al pan y el vino que dio a sus discípulos?
  - *Los llamó su cuerpo y sangre.*

16

Jesús es Traicionado en el Jardín

(Mateo 26; Lucas 22)

Después de que Jesús y sus discípulos celebraron la fiesta de la Pascua, Jesús los llevó a un lugar llamado el jardín de Getsemaní. Getsemaní era una prensa de aceite situada en una cuesta del Monte de los Olivos. Era un lugar donde Jesús seguido iba para orar. Jesús le dijo a Pedro, a Santiago y a Juan cuán afligida estaba su alma y que ellos debían permanecer despiertos y orar. Luego fue solo e hizo lo que más amaba hacer – hablar con su Padre. Cayendo sobre su rostro, Jesús derramó su alma en oración. Sabiendo lo que estaba a punto de soportar, Jesús preguntó a su Padre si había otra manera posible que esta copa pasara de él. Pero mientras clamaba con angustia, también descansaba en esperanza y dijo, "Pero no sea lo que yo quiero, sino lo que tú quieres" (Mateo 26:39).

Después de orar por un tiempo, Jesús regresó a donde estaban sus discípulos Pedro, Santiago y Juan. En lugar de encontrarlos en oración, los encontró dormidos. Despertó a Pedro y le preguntó por qué no podía ni siquiera permanecer despierto una hora. Con tristeza en su corazón, Jesús tomó su tiempo para recordar a Pedro como vencer la tentación. "El espíritu está dispuesto, pero el cuerpo es débil" fueron las palabras de Jesús antes de regresar a orar (Mateo 26:41). Y de nuevo, Jesús oró y preguntó si había otra manera de que esta copa pasara de él. Pero otra vez, se sometió a la voluntad del Padre sobre la suya. Tomando un segundo descanso, encontró a sus discípulos dormidos de nuevo. Así que por tercera vez, Jesús regresó a orar por si mismo, orando la misma oración.

Al regresar a sus discípulos después de orar por tercera vez, él los despertó y les dijo que estaba a punto de ser traicionado y entregado en las manos de los pecadores. Mientras seguía hablando, Judas Iscariote, uno de los 12 discípulos, vino con una gran multitud armada con espadas y palos. La multitud había sido enviada por los principales sacerdotes. Judas había acordado traicionar a Jesús a cambio de 30 piezas de plata. Caminando hasta donde estaba Jesús, Judas usó la señal que le dio a los principales sacerdotes para que ellos supieran cuál era Jesús. Judas le dio a Jesús un beso. Jesús dijo, "Amigo, haz lo que has venido hacer" (Mateo 26:50).

Mientras los soldados se llevaron a Jesús, Pedro en ira atacó con su espada y cortó la oreja de uno de los siervos de los principales sacerdotes. Jesús le dijo a Pedro que guardara su espada y luego dijo, "¿Crees que no puedo acudir a mi Padre, y al instante pondría a mi disposición más de doce batallones de ángeles? Pero todo esto ha ocurrido para que se cumplan las escrituras de los profetas" (Mateo 26:53-54). Entonces Jesús tomó la oreja del siervo y lo sanó milagrosamente y el siervo quedó completamente como nuevo. Entonces arrestaron a Jesús, lo llevaron lejos y los discípulos huyeron.

Preguntas:

- Sabía Jesús lo que estaba a punto de suceder, y si es así, ¿qué hizo antes?
  - *Sí, Jesús sabía lo que iba a suceder, así que él oró.*
- ¿Cómo concluyó Jesús cada una de sus oraciones?
  - *Con las palabras, "Pero no sea lo que yo quiero, sino lo que tú quieres" (Mateo 26:39).*
- Podría Jesús haber detenido ser arrestado, y si es así, ¿por qué no lo hizo?
  - *Sí, él podría haberlo hecho fácilmente, pero no lo hizo para que las escrituras se cumplieran.*

17

Jesús es Falsamente Acusado, Perseguido y Condenado a Muerte

(Mateo 26, 27; Lucas 23; Marcos 14)

La noche en que Jesús fue arrestado, sufrió tres pruebas, además de una increíble cantidad de humillación y persecución. Primero fue llevado ante el sumo sacerdote, Caifás, donde habían otros escribas y ancianos reunidos. Trajeron testigos que se suponía debían mentir para condenar a Jesús a la muerte. El problema era que hasta los mismos testigos no podían conseguir que sus testimonios estuvieran de acuerdo.

A través de todas las acusaciones, Jesús permaneció callado hasta que el sumo sacerdote dijo, "Te ordeno en el nombre del Dios viviente que nos digas si eres el Cristo [el Mesías], el Hijo de Dios." Jesús contestó, "Tú lo has dicho. Pero yo les digo a todos: De ahora en adelante verán ustedes al Hijo del hombre sentado a la derecha del Todopoderoso, y viniendo en las nubes, del cielo" (Mateo 26:63-64). Al oír esto, el sumo sacerdote rompió su manto y todos los líderes acordaron que Jesús debía ser puesto a muerte. En ese momento algunos empezaron a escupir sobre él. Luego otros cubrieron sus ojos, lo golpearon y se burlaron de él preguntando, "Adivina, ¿quién te pegó?" (Mateo 26:68).

Al llegar la mañana, los principales sacerdotes decidieron enviar a Jesús a Pilato, el gobernador romano de Jerusalén, para ser puesto a muerte. Por sus propias razones, Pilato no quiso involucrarse, así que cuando oyó que Jesús era de Galilea, lo envió al rey Herodes. Herodes era un rey despiadado que gobernaba a los judíos en gran parte de Roma, incluyendo Galilea. Herodes había oído historias de Jesús y estaba ansioso para finalmente hablar con él. Pero después de interrogar a Jesús y no conseguir respuestas, él y sus soldados se burlaron de Jesús, lo vistieron en ropas de rey y lo regresaron a Pilato.

Cuando Jesús llegó ante Pilato otra vez, Pilato reunió a todos los líderes judíos y les dijo que encontró que Jesús no era culpable de ninguno de los cargos contra él. Pilato dijo que incluso Herodes no había encontrado nada malo. Así que Pilato les dijo, "No ha cometido ningún delito que merezca la muerte, así que le daré una paliza y después lo soltaré" (Lucas 23:15-16). Entonces los soldados azotaron a Jesús e incluso se burlaron de él, colocando una corona de espinas y un manto de púrpura sobre él. Pilato quiso liberar a Jesús y pensó que la paliza satisfaría a los líderes judíos, pero los líderes y la gente gritaban,

"¡Crucifícalo, crucifícalo!" (Lucas 23:21). Temiendo un tumulto y lo que esto podría hacer a su posición romana, Pilato vio que no tenía nada que ganar al liberar a Jesús. Así que mientras la multitud miraba, Pilato se lavó las manos y dijo, "Soy inocente de la sangre de este hombre. ¡Allá ustedes!" (Mateo 27:24). Entonces Jesús fue despojado de su ropa y lo entregaron para ser crucificado.

Preguntas:

- ¿Los líderes judíos intentaron encontrar la verdad sobre Jesús o crearon mentiras sobre él?
  - *Ellos crearon mentiras sobre él para poder condenarlo.*
- El gobernador romano, Pilato, o el rey Herodes ¿encontraron alguna falta en Jesús?
  - *No encontraron culpa ninguna.*
- ¿Aceptó Pilato la responsabilidad por la crucifixión de Jesús?
  - *No, al lavarse las manos ante la muchedumbre, Pilato declaró que era inocente de la sangre de Jesús.*

18

La Crucifixión de Jesús

(Marcos 15, 27; Lucas 23; Juan 19)

La crucifixión romana no se trataba sólo de poner a alguien a muerte. Se suponía que era para torturar en público a la persona hasta la muerte. Este fue el tipo de muerte a la cual Pilato entregó a Jesús. Las palabras de Juan el Bautista – "aquí tienen al Cordero de Dios, que quita el pecado del mundo" (Juan 1:29) – tomó vida cuando Jesús fue al lugar llamado Gólgota. Cuando Jesús llegó allí, ya sangriento y magullado de los golpes, los soldados apostaron para ver a quién le tocarían sus ropas. Luego clavaron a Jesús en una cruz de madera, y lo colocaron entre dos ladrones.

Aun cuando Jesús colgado allí sufriendo dolor inmenso, los líderes judíos se burlaban de él, diciendo, "¿No eres tú el Cristo [el Mesías]? ¡Sálvate a ti mismo y a nosotros!" (Lucas 23:39). De incluso uno de los ladrones crucificado junto a Jesús burlándose le dijo que se salvara a si mismo ya que él era el Mesías. Pero el otro ladrón dijo, "Jesús, acuérdate de mí cuando vengas en tu reino" (Lucas 23:42). Habiendo soportado inmensa tortura hasta ese momento, Jesús de alguna manera le respondió, "Hoy estarás conmigo en el paraíso" (Lucas 23:43).

Cerca de mediodía de ese día, la oscuridad llegó sobre la tierra cerca de las 3:00 de la tarde. Fue entonces cuando Jesús exclamó, "¡Padre, en tus manos encomiendo mi espíritu!" (Lucas 23:46). Con las últimas palabras, "Todo se ha cumplido," entregó su espíritu (Juan 19:30). En ese mismo momento el velo (la cortina) del templo, que separaba la presencia de Dios del resto del templo, se rompió de arriba hacia abajo, cambiando para siempre las costumbres entre los judíos y los gentiles. Cuando Dios rompió el velo, simbólicamente abrió Su presencia a toda la gente. El romper del velo fue tan poderoso que la tierra tembló, se abrieron las tumbas, y muchos santos se levantaron de entre los muertos. Incluso un soldado que sintió y vio el temblor de la tierra se llenó de asombro y dijo, "¡Verdaderamente, éste era el Hijo de Dios!" (Mateo 27:54).

Cuando llegó la noche, un respetado miembro del concilio, José de Arimatea, bajó el cuerpo de Jesús de la cruz. El cuerpo de Jesús fue envuelto en tiras de tela y colocado en una tumba que había sido cortada entre una roca. Cuando el cuerpo fue asegurado en la tumba, una gran piedra fue rodada en frente de la entrada. Pero al día siguiente, los fariseos estaban tan preocupados que alguien robara el cuerpo de Jesús y sin el cuerpo, entonces la gente afirmaría que él había resucitado de entre los muertos. Pidieron a Pilato que sellara la tumba y colocara soldados allí para guardar el cuerpo de Jesús.

Preguntas:

¿Era la crucifixión romana simplemente intentar matar a la gente o era una forma de torturar para enviar un mensaje a todos los que veían?

✧ *La intención era de torturar y enviar un mensaje a toda la gente que veía.*

¿Cómo fue que el ladrón, quién estaba recibiendo lo que sus acciones merecían y no podía hacer nada para borrarlas, pudo conseguir ir al paraíso?

✧ *Creyendo que Jesús era el Hijo de Dios.*

¿Por qué es tan significante que el velo del templo se rompió en dos?

✧ *Porque Dios ya no iba a separar su presencia de su pueblo.*

19

La Resurrección

(Marcos 16; Mateo 28; Juan 20; Lucas 24)

Temprano en la mañana, tres días después de que Jesús murió, algunas mujeres, incluyendo a María Magdalena fueron al sepulcro para ungir el cuerpo de Jesús. Pero cuando llegaron, aún cuando todavía estaba oscuro, pudieron ver que la piedra había sido removida. Cuando entraron al interior de la tumba, una sorpresa aún más grande les esperaba. No encontraron el cuerpo de Jesús. En cambio dos ángeles vestidos de trajes blancos espectaculares estaban allí. Como pueden imaginar, las mujeres tuvieron miedo, pero uno de los ángeles dijo, "No tengan miedo; sé que buscan a Jesús, el que fue crucificado. No está aquí, pues ha resucitado, tal como él dijo" (Mateo 28:5-6). Entonces los ángeles dijeron a las mujeres que fueran a los discípulos y dijeran que Jesús los encontraría en Galilea.

Así que con gran temor y gran gozo llenando sus corazones, las mujeres corrieron a dar la noticia a los discípulos. Pero antes de llegar a los discípulos, Jesús las encontró y ellas cayeron a sus pies y le adoraron. Una vez más, Jesús les dijo que no temieran, sino que dijeran a los discípulos que se reunieran con él en Galilea. Finalmente las mujeres se encontraron con Pedro y Juan y contaron todo lo que les había sucedido. Ellos no pudieron creerlo. Pedro y Juan corrieron a la tumba y vieron que no sólo el cuerpo de Jesús había desaparecido, sino que también los linos que cubrían su cuerpo estaban allí, cuidadosamente doblados.

Algunos de los soldados que habían sido ordenados para vigilar la tumba fueron y le dijeron a los principales sacerdotes todo lo que había sucedido. Pero tristemente, en lugar de creer que Jesús era el Mesías y decirle a todo el pueblo judío en Jerusalén, los principales sacerdotes pagaron a los soldados para decirle a la gente que los discípulos de Jesús vinieron de noche y robaron su cuerpo. Así que los soldados tomaron el dinero y difundieron la mentira.

El primer par de hombres que vieron a Jesús ni siquiera sabían que era él. Mientras caminaban hacia el pueblo llamado Emaús, hablaban de todo lo que había sucedido en los últimos días. Jesús se acercó a ellos y les preguntó de qué hablaban, pero debido a que sus ojos no estaban abiertos espiritualmente, ellos no se dieron cuenta que era Jesús. Inmediatamente le preguntaron en dónde había estado ya que todos sabían de el alboroto que Jesús había causado en Jerusalén. Así que ellos le contaron todas las obras poderosas que Jesús había hecho y de cómo esperaban que él fuera el Mesías que habían estado esperando. Pero luego le contaron cómo había sido condenado y crucificado.

Jesús contestó, "¡Qué torpes son ustedes, y qué tardos de corazón para creer todo lo que han dicho los profetas!" (Lucas 24:25). Y luego, empezando con Moisés, Jesús interpretó apropiadamente las escrituras concerniente a sí mismo. Cuando finalmente llegaron a Emaús, Jesús se sentó a la mesa con ellos, rompió el pan, lo bendijo y se los dio. Inmediatamente sus ojos fueron abiertos, y repentinamente Jesús desapareció.

Preguntas:

¿Cómo sabían las mujeres que Jesús había resucitado de entre los muertos y que su cuerpo no había sido robado?

✧ *Porque los ángeles les dijeron y entonces Jesús se les apareció.*

¿Qué hizo el principal sacerdote para tratar de esconder la verdad?

✧ *Pagó a los soldados para que contaran mentiras.*

¿Qué mostró Jesús sobre si mismo a los dos hombres que se dirigían a Emaús?

✧ *Jesús les contó todo lo que estaba escrito en las escrituras que tenía que ver con él.*

20

La Gran Comisión y Ascensión

(Lucas 24; Juan 20; Mateo 28; Hechos 1)

La noche siguiente después de la conversación que Jesús tuvo con los hombres que caminaban hacia Emaús, mientras los discípulos se reunían temerosos de los líderes judíos, Jesús vino y se paró ante ellos y dijo, "La paz sea con ustedes" (Juan 20:19). Como se pueden imaginar, los discípulos estaban asustados, pensando que era algún tipo de espíritu. Jesús les dijo que no dudaran más, sino que tocaran sus manos y pies para que ellos supieran que en realidad era él. Sin embargo, aún con Jesús vivo y parado frente a ellos, era extremadamente difícil entender que esto realmente estaba sucediendo. Así que Jesús los señaló a las escrituras, y abrió sus mentes para entender completamente lo que antes no podían ver. Ahora se dieron cuenta de que el Mesías debía sufrir, morir y luego resucitar de entre los muertos al tercer día. Entendieron que el arrepentimiento y el perdón de los pecados serían proclamados a todas las naciones comenzando en Jerusalén.

Durante los siguientes 40 días, Jesús apareció a más de 500 personas. Pero pronto llegó el momento de que Jesús regresaría al Padre y necesitaba dar sus instrucciones finales a los discípulos. Los hizo reunirse en el Monte de los Olivos, y allí habló todo lo que era necesario. Él dijo, "Se me ha dado toda autoridad en el cielo y en la tierra. Por tanto, vayan y hagan discípulos de todas las naciones, bautizándolos en el nombre del Padre y del Hijo y del Espíritu Santo, enseñándoles a obedecer todo lo que les he mandado a ustedes" (Mateo 28:18-20). Entonces les dijo que esperaran en Jerusalén hasta que fueran vestidos con poder de lo alto. Les dijo que pronto serían bautizados con el Espíritu Santo.

Los discípulos le preguntaron a Jesús si esta era la ahora en que restauraría el reino de Israel. Pero no era el lugar de ellos saber el tiempo de Dios. En cambio, Jesús dijo, "Pero cuando venga el Espirita Santo sobre ustedes, recibirán poder y serán mis testigos tanto en Jerusalén come en toda Judea y Samaria, y hasta los confines de la tierra" (Hechos 1:8). Y con esas últimas palabras, él ascendió en las nubes fuera de vista. Con los discípulos todavía mirando hacia los cielos y con sus palabras finales frescas en sus mentes, dos ángeles vestidos de blanco aparecieron. Ellos dijeron a los discípulos que, tal como Jesús había ascendido, un día él volvería de la misma manera. Y con eso, los discípulos regresaron a Jerusalén llenos de alegría.

Preguntas:

- ¿Qué usó Jesús para mostrar a sus discípulos como comprender los acontecimientos de su vida, muerte y resurrección?
  - *Jesús les mostró las escrituras.*
- Los soldados mintieron diciendo que el cuerpo de Jesús había sido robado. Pero a ¿cuántas personas se les apareció Jesús después de levantarse de entre los muertos?
  - *Se apareció a más de 500 personas.*
- Jesús les dio lo que llamamos la Gran Comisión, pero ¿qué se necesitaba primero?
  - *Se necesitaban vestirse con poder de lo alto.*

21

Pentecostés y el Espíritu Santo

(Hechos 2)

Mucho tiempo antes, cuando Moisés bajó del Monte Sinaí con los diez mandamientos e Israel acordó guardar la Torá (la ley), Dios creó una fiesta especial. Los judíos la llamaron Shavuot (o Pentecostés). Uno podría llamarle un día de boda porque ese es el día que Dios se entregó a sí mismo a Israel e Israel se entregó a Dios. El día fue 50 días después de que Dios había liberado poderosamente a Israel de la esclavitud en Egipto. Ahora, una vez más, 50 días después de que Jesús, el Hijo eterno de Dios, resucitó de entre los muertos, Dios estaba a punto de hacer algo aún más increíble que entregarse a sí mismo a través de la Torá. Como profetizó en los libros bíblicos de Joel y Jeremías, un día derramaría su espíritu sobre toda persona y escribiría su ley en sus corazones.

Así que los discípulos estaban en Jerusalén, reunidos en un aposento alto 50 días después de la resurrección de Jesús. "De repente, vino del cielo un ruido como el de una violente ráfaga de viento, y llenó toda la casa donde estaban reunidos. Se les aparecieron entonces unas lenguas como de fuego que se repartieron y se posaron sobre cada uno de ellos. Y todos fueron llenos del Espíritu Santo y comenzaron a hablar en diferentes lenguas, según el Espíritu les concedía expresarse" (Hechos 2:2-4). Debido a que la ciudad de Jerusalén era un centro de actividad, había allí hombres de todas las naciones. El sonido y la conmoción creados por el

Espíritu que se había derramado atrajeron a muchos para ver lo que estaba sucediendo. Sorprendentemente, cada persona escuchó a los discípulos hablando en su propio idioma, lo que les llevó a preguntar, "¿Qué quiere decir esto?" (Hechos 2:12).

Pedro, ahora lleno del Espíritu de Dios por primera vez, comprendió y le fue posible explicar lo que todo esto significaba. Explicó que no estaban borrachos de vino o locos, sino que Dios estaba derramando su Espíritu. Pedro les dijo cómo habían perseguido injustamente a Jesús hasta el punto de crucificarle en una cruz, pero también les dijo cómo Dios lo había resucitado de entre los muertos. Y no sólo lo había resucitado, sino que él era el Mesías (Cristo) que habían estado anhelando y esperando. Con el Espíritu de Dios tan activo y poderoso, la gente gritó, "¿Qué debemos hacer?" (Hechos 2:37). Pedro alegremente les dijo que creyeran en Jesús como el Mesías, y que se bautizaran, y ellos también recibirían el don del Espíritu Santo.

Las vidas de 3,000 personas cambiaron ese día cuando las buenas nuevas llenaron sus corazones. Las buenas nuevas de confiar en Jesús era el camino a la salvación, era el misterio escondido en la promesa de Dios a Abraham. La promesa de que todas las familias de la tierra serían bendecidas a través de él se cumplió en Jesús. Ahora estas buenas nuevas o el evangelio, estaba a punto de extenderse hasta los confines de la tierra, tal como Jesús dijo que lo haría.

Preguntas:

- ¿Qué dio Dios a sus discípulos 50 días después de la resurrección de Jesús?
  - *Dios dio el don del Espíritu Santo.*
- ¿Quién hace posible que la gente entienda las buenas nuevas?
  - *Dios en forma del Espíritu Santo.*
- ¿Cómo se llaman las noticias que revelan que Jesús es el camino de la salvación?
  - *Se llaman las buenas nuevas, o el evangelio.*

22

El Hombre Ordinario, Poder Extraordinario

(Hechos 6, 7)

Después del día de Pentecostés y la entrega del Espíritu Santo a los creyentes, más y más personas creyeron durante la extensión del evangelio día tras día. Con más creyentes, había más oración y enseñanza que se necesitaba hacer, tanto que de hecho, otras necesidades tales como asegurándose del cuidar de las viudas, comenzó a distraer a los discípulos de Jesús. Para entonces, la gente comenzó a llamar a los discípulos apóstoles, que significa "enviados." Los apóstoles no querían descuidar a las viudas, pero también sabían que no podían hacerlo todo por sí mismos. Así que reunieron a todos los creyentes y les dijeron que necesitaban centrarse en la oración y en el ministerio de la palabra. Dijeron que necesitaban escoger a siete hombres llenos del espíritu, bien respetados por otros, y sabios en todo lo que hacían . Uno de los siete hombres elegidos fue un hombre llamado Esteban. Él estaba lleno de fe y del Espíritu Santo. Aunque Esteban no era uno de los 12 discípulos, estaba haciendo grandes obras y milagros entre la gente. Era claro que no era el nombre o el título que hacía que uno fuese poderoso, sino más bien la fe y estar lleno del Espíritu Santo.

Poco a poco, los líderes que se oponían al Evangelio trataron de mandar a la gente a discutir con Esteban. Pero cualquiera que enviaban no podían hacer frente a su sabiduría empoderada por el Espíritu. Como eso no funcionó, intentaron decir mentiras sobre él, sabiendo que si podían convencer a la gente que estaba hablando en contra de Moisés y Dios, todos dejarían de escucharle. El plan funcionó, y los ancianos y los escribas trajeron a Esteban ante el consejo. Testigos falsos contaron cómo Esteban había hablado contra la Torá y que él estaba diciendo que Jesús vino a cambiar todas las cosas que Moisés había enseñado. Pero incluso con todas las mentiras que se decían acerca de él, todos podían ver el poder que descansaba sobre él porque su rostro tenía la paz y el poder de un ángel.

Estando de pie ante el concilio, Esteban comenzó con Abraham y trazó paso a paso la historia de Israel incluyendo cómo Israel se había rebelado contra Dios. Pero fueron sus últimas palabras las que absolutamente enfurecieron al pueblo. Esteban llamó al pueblo gente de cuello rígido que siempre se resistían al Espíritu Santo, y al igual que sus antepasados persiguieron a los profetas. Él dijo que persiguieron y mataron a Jesús que era el Mesías (Cristo). Al terminar, miró hacia arriba y dijo, "¡Veo el cielo abierto, y al Hijo del hombre que está a la derecha de Dios!" (Hechos 7:56).

Con esas palabras todavía pendientes en el aire, la gente se enfureció. Tomaron a Esteban, lo sacaron de la ciudad y lo apedrearon hasta matarlo. Un hombre llamado Saulo de Tarso estaba allí, y los testigos pusieron sus mantos a sus pies antes de apedrear a Esteban. Pero incluso con las piedras que arrojaban de cada dirección, él todavía pedía que Dios los perdonara. Y con esas últimas palabras, las piedras quitaron la vida de Esteban, y él se convirtió en el primer mártir.

Preguntas:

¿Qué nombre llamó la gente a los discípulos, y qué significa?

✧ *Los llamaron apóstoles, que significa enviados.*

¿Cómo pudo Esteban hacer poderosas obras y milagros?

✧ *Él estaba lleno de fe y del Espíritu Santo.*

¿Cuál era el nombre del hombre que observaba con aprobación cuando Esteban fue apedreado?

✧ *Saulo de Tarso.*

23

Saulo de Tarso se Convierte en Pablo

(Hechos 8-9)

El día en que Esteban fue apedreado marcó el comienzo de una gran persecución en Jerusalén. A pesar de que muchas personas creían que Jesús era el Mesías (Cristo), todavía había muchos judíos que no creían. Pensando que estaban defendiendo a Dios, atacaron a los seguidores de Jesús con gran ira. Saulo de Tarso, quién aprobó la muerte de Esteban, incluso comenzó a ir de casa en casa para encarcelar a cualquiera que creyera en Jesús. Pero aun cuando los creyentes fueron esparcidos, continuaron proclamando las buenas nuevas, haciendo lo mismo que Jesús dijo que hicieran, comenzando en Jerusalén y pasando a Judea, Samaria y finalmente hasta los confines de la tierra. La persecución no detuvo las buenas nuevas; sólo ayudó a esparcirla.

Pero la ira violenta de Saulo lo mantuvo persiguiendo a los discípulos dondequiera que pudiera encontrarlos. Y con la aprobación del sumo sacerdote, Saulo viajó a Damasco para traer a más discípulos a Jerusalén para castigarlos y encarcelarlos. Mientras Saulo recorría el camino, vio una luz brillante del cielo y cayó al suelo. Oyó una voz decir, "Saulo, Saulo, ¿por qué me persigues?" (Hechos 9:4). Era la voz de Jesús, el mismo que Saulo estaba persiguiendo. Jesús no sólo le habló, sino que también lo cegó. Los hombres que viajaban con Saulo tuvieron que guiarlo el resto del camino a Damasco.

Ahora Ananías era un discípulo en Damasco, que había oído hablar de la violente persecución de Saulo. Jesús vino a él en una visión y le dijo que fuera a buscar a Saulo, pero Ananías no quiso. Jesús le dijo, "Ve, porque ese hombre Saulo es mi instrumento escogido para dar a conocer mi nombre tanto a las naciones y a sus reyes como al pueblo de Israel. Yo le mostraré cuánto tendrá que padecer por mi nombre" (Hechos 9:15-16). Al oír esto, Ananías fue y encontró a Saulo tal como le dijeron. Saulo seguía ciego y cansado porque no había comido en tres días. Pero Dios le dijo en una visión que un hombre llamado Ananías vendría y le pondría las manos sobre él para que pudiera recuperar la vista. Cuando Ananías oró por Saulo, las escamas cayeron de sus ojos. Él recuperó la vista y fue llenó del Espíritu Santo.

Lleno del Espíritu Santo, Saulo se convirtió en una nueva persona que nadie podía reconocer. Ya no era conocido como Saulo de Tarso, sino como Pablo, apóstol de Jesús el Mesías (Cristo). Pablo estaba bien entrenado en la Torá (la Ley) y ahora estaba empoderado con el espíritu de Dios. No sólo enseñó a otros judíos acerca de Jesús, sino que también fue exclusivamente llamado para alcanzar a los gentiles.

Preguntas:

- ¿Qué causó la extensión de las buenas nuevas?
  - *La persecución de la iglesia.*
- ¿Qué le sucedió a Saulo en el camino a Damasco?
  - *Una luz brillante lo rodeó, y cayó al suelo. Entonces Jesús le habló y lo cegó.*
- ¿Qué ocurrió cuando Ananías oró por Saulo?
  - *Las escamas cayeron de sus ojos, su vista volvió, y fue lleno del Espíritu Santo.*

24

El Espíritu Santo Viene a los Gentiles

(Hechos 10; Deuteronomio 7)

Debido a que Dios planeó todo desde el principio, él estaba usando algo malo – la persecución de los cristianos – para hacer su buena obra. Ya ves, Dios es el que escogió a Abraham, y Dios es el que escogió a su hijo Isaac, y Dios es el que escogió hacer de Isaac, el segundo hijo de Jacob, en una nación. Él cambió el nombre de Jacob a Israel, y sus descendientes se convirtieron en la nación de Israel. Dios no escogió a egipcios, ni filisteos, ni a jebuseos, o cualquier otra nación gentil para ser su pueblo especial, sólo Israel. Y no fue porque eran los mejores, sino sólo porque esto hacía feliz a Dios. En su gran misericordia, Dios siempre tenía un plan de llegar a la gente de cada nación. De hecho, en la promesa de Dios a Abraham, él le dijo que Abraham sería bendición para todas las naciones. Israel había sido la única nación con acceso especial a Dios, pero ahora todo estaba cambiando. Los gentiles ya no estarían en el exterior deseando estar en el interior.

Pedro ya se había convertido en el líder de los discípulos. Estaba en casa de un amigo orando cuando Dios le dio una visión. En esta visión, Pedro vio algo parecido a una gran sabana con todo tipo de animales. Pero los animales eran los tipos de animales que los israelitas, según la Torá, no se les permitía comer. Así que cuando Pedro oyó las palabras, “Levántate, Pedro; mata y come,” inmediatamente se negó porque amaba obedecer la Torá dada por Dios.(Hechos 10:13). Pedro escuchó este mensaje tres veces y cada vez Dios añadió, "Lo que Dios ha purificado, no lo llames impuro" (Hechos 10:15). Por supuesto, esto confundió a Pedro porque él no sabía lo que significaba.

Lo que Pedro no sabía era que días antes, Dios había venido en una visión a un gentil llamado Cornelio. A pesar de que Cornelio era un gentil, temía a Dios y amaba a los demás tal como Dios quería. En la visión, Dios le dijo a Cornelio que enviara algunos hombres a Pedro y que lo trajeran. Los hombres que Cornelio envió llegaron justo cuando Pedro intentaba entender la visión. Dios rápidamente habló con Pedro, diciéndole que fuera con los hombres porque él los había enviado. Esto confundió a Pedro aún más porque los judíos se mantenían alejados de los gentiles, tanto como era posible, a fin de que ir a una de sus casas simplemente no tenía sentido. Pero Pedro no cuestionó a Dios, y él fue con los hombres al día siguiente.

Cuando Pedro llegó, Cornelio cayó a los pies de Pedro y le adoró, pero Pedro le dijo rápidamente que se levantara porque era sólo un hombre como Cornelio. Así que Cornelio le contó a Pedro su visión. Entonces Pedro comprendió que el propósito de Dios era usar el sacrificio de Jesús para limpiar a personas que no fueran judíos. Así que cuando Cornelio le pidió a Pedro que le dijera lo que Dios había dicho, Pedro dijo, "Ahora comprendo que en realidad para Dios no hay favoritismo, sino que en toda nación él ve con agrado a los que le temen y actúan con justicia.... Él nos mandó a predicar al pueblo y a dar solemne testimonio de que ha sido nombrado por Dios como juez de vivos y muertos. De él dan testimonio todos los profetas, que todo el que cree en él recibe, por medio de su nombre, el perdón de los pecados" (Hechos 10:34-35, 42-43).

Y cuando Pedro terminó de hablar, el Espíritu Santo cayó sobre los gentiles igual que a los judíos en el día de Pentecostés. Dios había abierto los ojos de Pedro para entender que siempre había sido el plan de Dios de ser Dios a la gente de cada nación. Durante muchos años, los gentiles habían estado lejos de Dios, pero ahora, debido al sacrificio de Jesús, el Espíritu de Dios los hizo limpios y los empoderó así como a los judíos. Así que los primeros cristianos gentiles fueron bautizados, y Pedro fue y les dijo al resto de los discípulos lo que había sucedido. Ahora ellos también entendieron el plan de Dios y lo glorificaron.

Preguntas:

- Antes de esta historia, ¿tenían los gentiles acceso a Dios como el pueblo judío?
  - *No, Dios sólo escogió a la nación de Israel como su pueblo especial.*
- ¿Fue un plan nuevo dar el Espíritu Santo a los gentiles o fue algo que Dios ya había planeado?
  - *Siempre fue el plan de Dios dar a los gentiles el Espíritu Santo.*
- Antes, Dios habitaba en la parte interior del templo. Ahora, ¿dónde vive su Espíritu?
  - *El Espíritu de Dios habita en los creyentes, que ahora son su templo.*

25

Convirtiéndote en Quien Eres

(Epístolas del Nuevo Testamento)

Al igual que los otros apóstoles, Pablo fue usado poderosamente para esparcir las buenas nuevas a los judíos, pero también se le dio un trabajo especial para alcanzar a los gentiles. Esparcir las buenas nuevas también significaba que el reino de Dios estaba sobrellevando el reino del maligno, y eso trajo gran oposición. Muchos judíos no creían que Jesús era el Mesías (Cristo), y muchos gentiles odiaban los cambios que vinieron cuando los nuevos creyentes dejaron de adorar a los ídolos. Pero Dios no puede ser detenido y él usó a Pablo para seguir predicando y enseñando. Le dio a Pablo gran entendimiento, y a medida que más y más gente fue creyendo, surgieron muchas preguntas. Así que Pablo escribió cartas para ayudarles a entender.

A la gente de Roma escribió su carta más compleja que explica cómo Dios justifica, o hace justos, tanto a los judíos como a los gentiles.

Al pueblo de Corinto, escribió dos cartas. En la primera, corrige sus errores y responde a sus preguntas. Y en la segunda carta, él confirma su fe, defiende su apostolado y les advierte de falsos maestros.

Para el pueblo de Galacia, él explica cómo el volver a La Tora (la Ley) para justificación es huir de la libertad que se encuentra en la gracia de Dios.

Al pueblo de Éfeso, anima a los creyentes a vivir una vida fructífera en el poder de la gracia de Dios.

Para el pueblo de Filipos, Pablo enseña acerca de la alegría que se encuentra en el Mesías (Cristo).

Para el pueblo de Colosas, Pablo proclama la soberanía del Mesías (Cristo) sobre todos y enseña que los creyentes ahora están vivos en Cristo.

Para el pueblo de Tesalónica, escribió dos cartas. En la primera carta, exhorta a los creyentes a que continúen en la fe y que esperen ansiosamente la venida del Mesías (Cristo). En la segunda carta, les recuerda que permanezcan firmes en su fe y que corrijan el malentendido de que el Mesías (Cristo) ya había regresado.

A un amigo llamado Timoteo, Pablo escribió dos cartas. En la primera carta, anima a Timoteo y da algunos guías de liderazgo para los creyentes en Éfeso. En la segunda carta, Pablo le recuerda a Timoteo de pelear la buena batalla de la fe y estar preparado para entablar enseñanzas erróneas.

Para un amigo llamado Tito, Pablo presenta las características de aquellos que tienen autoridad espiritual en la iglesia y cuenta cómo los creyentes mayores y más jóvenes deben tener buena relación el uno con el otro.

Pablo recuerda a un viejo amigo Filemón, que el esclavo que huyó de él, ahora es seguidor de Jesús, de modo que Filemón debe perdonarlo y aceptarlo como un hermano.

Como pueden ver, a Pablo se le confió mucho que decir a los creyentes gentiles. Una y otra vez, las palabras que Dios le dio ayudaron a crecer y a fortalecer a los creyentes en todas partes. Algunas ideas eran prácticas para la vida cotidiana, mientras que otras cartas eran visiones profundas sobre los pequeños detalles de los caminos de Dios. Pero más que nada, encontramos que Pablo quería que la gente se conviertan en lo que ya son en Cristo. Dios usó y todavía usa las cartas de Pablo para ayudarnos a saber quiénes somos en Cristo. La santificación es el lento proceso de Dios transformándonos en la imagen de Jesús, llena de gracia y de verdad. Debido a que estamos en él y empoderados por el Espíritu Santo, no tenemos que hacer cosas para Dios, sino simplemente ser quienes somos entregándonos al Espíritu y apartándonos de nuestras pasiones terrenales. A lo largo de las 13 cartas de Pablo, encontramos profundas verdades que nos ayudan a ser quienes ya somos en Cristo.

Preguntas:

- ¿Cuál fue el trabajo especial del apóstol Pablo?
  - *Que él iba alcanzar a los gentiles.*
- ¿Cuántas cartas escribió Pablo que están en la Biblia?
  - *Trece cartas.*
- ¿Qué significa la santificación?
  - *La santificación es el proceso de Dios transformándonos en la imagen de Jesús.*

26

Jesús es el Mejor

(Libro de Hebreos)

Nadie sabe con certeza quién escribió el libro de Hebreos, pero este libro ayuda a cada uno a entender cuán especial es Jesús y cómo todo siempre ha estado apuntando a él. Las Escrituras apuntaban a un Mesías que sería totalmente hombre y totalmente Dios, un Dios-hombre. Debido a esto, es nuestra fe en él que debe guiarnos y fortalecernos. El punto es que Jesús es el mejor.

Durante los años, Dios dio a los profetas mensajes para instruir a su pueblo, pero finalmente Dios envió el mensaje – Jesús. Ya no tenían que imaginar cómo era Dios porque Jesús es la huella exacta de la naturaleza de Dios. A lo largo de los años, Dios mandó a los ángeles para entregar mensajes y dar direcciones. Los ángeles son poderosos e inspiradores, y fueron vistos como más importantes que cualquier otro hombre. Pero Jesús no era un hombre cualquiera. Él es el Hijo de Dios y eso lo hace mucho mejor que los ángeles.

Jesús es aún mayor que Moisés. Eso es lo que tantos necesitaban escuchar para alentarlos a poner toda su fe en Jesús. Muchos del pueblo de Dios no podían imaginarse a nadie mayor que Moisés. Hebreos enseña que Moisés sólo era un siervo en la casa de Dios, y un hijo siempre es mayor que un siervo. Jesús es mejor que Moisés.

Incluso el sumo sacerdote que llegó a entrar en la presencia de Dios una vez al año no es mayor. Tuvo que ofrecer un sacrificio por sí mismo para que sus pecados también fueran cubiertos. Pero Jesús es un sumo sacerdote aún mejor. Como nosotros, él era humano y sufrió. Pero a diferencia de nosotros, él nunca pecó. Así que cuando ofreció sacrificio, no tuvo que ofrecer un sacrificio por sí mismo, sino que se hizo sacrificio para cubrir nuestros pecados. Los sacrificios se hacían una vez al año y cuando el sumo sacerdote murió, otro sumo sacerdote tuvo que tomar su lugar. Pero el sacrificio de Jesús fue de una vez por todas, porque después de que él se ofreció, se sentó a la diestra de Dios. Jesús es el mejor sumo sacerdote.

La Torá asignaba a los sumos sacerdotes en relación con el pacto que Dios hizo con Israel. Pero ese pacto era sólo con Israel. Incluso el templo era sólo una sombra del verdadero templo en el cielo. El nuevo pacto no sería escrito en piedra como la que se le dio a Moisés, sino que Dios lo escribiría en el corazón de sus hijos. Incluso el pacto que Jesús es el sumo sacerdote es mejor que el antiguo. Jesús es el sumo sacerdote de un mejor pacto.

Los judíos y los gentiles necesitan ser recordados de estas cosas. Debido a que Jesús es mejor, debemos poner nuestra plena fe en su obra terminada. La fe siempre ha sido lo que importa. Abraham, a quien Dios escogió para ser bendición a todas las naciones, ejerció su fe. También lo hicieron Abel, Enoc, Noé, José, Moisés, Sansón, Gedeón, y más de los poderosos hombres y mujeres de la Biblia que agradaron a Dios con su fe. Jesús es el fundador y perfeccionador de nuestra fe. Ya que Dios nunca cambia, nuestra fe constante debe conducirnos a amarnos unos a otros y seguir a Dios sin importar lo que pase.

Preguntas:

- ¿Cómo es Jesús diferente a los profetas?
  - ✧ *Los profetas dieron el mensaje de Dios, pero Jesús es el mensaje.*
- ¿Cómo es Jesús mayor que los ángeles?
  - ✧ *Jesús es el Hijo de Dios.*
- ¿Cómo lograron todos los héroes de la Biblia agradar a Dios?
  - ✧ *Los héroes agradaron a Dios con su fe en él.*

27

Jesús Regresará

(Libro de Apocalipsis)

La historia nos dice que la mayoría de los discípulos murieron por causa de su fe en Jesús. Juan, exiliado a la isla de Patmos, fue el último discípulo en morir. Mientras estaba en Patmos, Dios envió un ángel para dar a Juan una revelación. Se la dio para animar a los creyentes a esperar ansiosamente el regreso de Jesús, pero también sirvió como advertencia del juicio que tendrán que aguantar las personas que no confía en Jesús. El libro es en realidad una revelación de Jesús, que significa que la revelación es acerca de cómo Dios planea revelar a Jesús al mundo. Una revelación no dice nada nuevo, sino que revela lo que se ha ocultado. La primera vez que Jesús vino, él vino como un siervo a sólo una pequeña parte del mundo. Su ministerio fue corto y su ministerio terrenal tenía un propósito específico. Pero cuando Jesús venga la segunda vez, él vendrá al mundo entero. Para aquellos que no lo conocen, deben temer ese día del Señor. Para aquellos que creen en Jesús, será el cumplimiento de su gran alegría.

La primera parte de la visión que se le dio a Juan tiene mensajes para enviar a siete iglesias específicas. Los mensajes hablan de cómo cada iglesia específica en esa área estaba haciendo el bien o estaba haciendo el mal. Pero estos mensajes también se enviaron para hablarnos hoy sobre cómo podemos superar los mismos problemas que ellos enfrentaban.

En la visión de Juan, Jesús es llamado "el Cordero que fue sacrificado desde la creación del mundo," porque Dios quiso recordarles a todos que él planeó todo esto antes de que él hiciera todo (Apocalipsis 13:8). Se acerca el juicio, pero no antes de que él cumpla todas sus promesas a su pueblo. Hay un poderoso engañador que viene de una manera fuerte y poderosa. Este falso profeta hará obras poderosas y guiará a la gente a una mayor oscuridad.

Durante este tiempo, habrá un poderoso renacimiento de la creencia entre los judíos. La misma nación que despreció y rechazó a su Mesías, algún día creerá hasta el punto de soportar una gran persecución a causa de su amor por él. Dios, que cumple sus promesas, dejó claro a través de sus profetas que él cumpliría todas sus promesas a Abraham, Isaac y Jacob. Jesús regresará en gloria, majestad, fuerza y poder a todo el mundo entero. Una gran batalla se llevará a cabo con Jesús fácilmente matando al enemigo con la espada que viene de su boca. Pero aún mejor, será el día que viene en que el maligno será derrotado y juzgado de una vez por todas. En ese día Dios juzgará a todos según lo que hayan hecho. Entonces la muerte, el maligno, y todos cuyos nombres no están escritos en el libro de la vida, serán arrojados al lago de fuego.

Y la revelación de Jesucristo termina con lo que esperamos de un Salvador tan maravilloso. Termina con esperanza. Habrá un nuevo cielo y una nueva tierra. No habrá más muerte ni más dolor. Dios limpiará todas las lágrimas. No habrá luz de lámparas ni de sol porque Dios será la luz. Llegará un día en el que todos los que creen en Jesús, tanto judíos como gentiles, vivirán libremente en la presencia de Dios. Finalmente, los elegidos de Dios, de cada nación y cada tribu, estarán con Dios y ellos serán Su pueblo, para siempre disfrutando y reinando con Él.

Preguntas:

- ¿Qué le pasó a Juan en la isla de Patmos?
  - *Juan recibió una revelación de Jesucristo.*
- ¿Qué sucederá a muchos de los judíos en los días venideros?
  - *Muchos creerán que Jesús es el Mesías (Cristo).*
- ¿Qué sucederá con el maligno y la muerte?
  - *Ambos serán arrojados al lago de fuego.*
- ¿Adorarán a Dios las personas de una sola nación y reinarán con él para siempre?
  - *No, Dios escogió a personas de cada nación y cada tribu.*

Sonido Bíblico

(Catecismo)

Introductorio (edades 2-8)

1. ¿Quién te hizo?

✧ *Dios.*

2. ¿Qué más hizo Dios?

✧ *Dios hizo todas las cosas.*

3. ¿Por qué hizo Dios todas las cosas?

✧ *Para Su propia gloria.*

4. ¿Por qué las cosas funcionan como funcionan?

✧ *Dios así lo mandó.*

5. ¿Cómo aprendemos acerca de Dios?

✧ *Dios se revela a sí mismo.*

6. ¿Dónde se revela Dios a sí mismo?

✧ *Dios se revela en su palabra, en la naturaleza, en los sueños, y visiones.*

7. ¿Qué revela Dios en la naturaleza?

✧ *Dios revela su carácter, su ley y su ira.*

8. ¿Qué más se revela a través de su palabra?

✧ *La misericordia de Dios hacia su pueblo.*

9. ¿Dónde se encuentra la palabra de Dios?

✧ *La Biblia es la palabra de Dios.*

10. ¿Cuántos Dioses hay?

✧ *Dios es Uno: Dios el Padre – Dios el Hijo – Dios el Espíritu Santo.*

11. ¿Dónde está Dios?

✧ *Dios está en todas partes.*

12. ¿Cuánto tiempo ha existido Dios?

✧ *Dios siempre ha existido.*

13. ¿Quién es Dios?

✧ *Dios es el primero y el mejor de todos los seres.*

14. ¿Cómo es Dios?

✧ *Dios es un espíritu, es eterno y es un ser personal. Él es perfecto en santidad, y es todopoderoso y omnisciente.*

15. ¿Cómo se relaciona Dios con la creación?

✧ *Dios es el creador, redentor, conservador y gobernante del universo.*

16. ¿Cómo es el hombre único?

✧ *El hombre lleva la imagen de Dios.*

17. ¿Quién fue el primer hombre?

✧ *Adán.*

18. ¿Cómo era Adán durante la creación?

✧ *Adán era bueno.*

19. ¿Permaneció Adán bueno?

✧ *No, él pecó.*

20. ¿Qué es el pecado?

✧ *Cualquier pensamiento o hecho que no trae gloria a Dios.*

21. ¿Qué significa dar gloria?

✧ *Mostrar honor a Dios y disfrutar su grandeza.*

22. ¿Cuál es el castigo por el pecado?
   - *Muerte.*

23. ¿Qué trajo el pecado de Adán?
   - *La muerte vino a todos los hombres.*

24. ¿Cómo afectó el pecado de Adán a todos los hombres?
   - *Todos pecaron a través de Adán*

25. ¿Deben morir todos los hombres por sus pecados?
   - *No, Dios eligió dar vida a algunos.*

26. ¿Cómo podemos ser salvos del pecado y de la muerte?
   - *Sólo mediante la fe en Jesucristo.*

27. ¿Quién es Jesucristo?
   - *El eterno Hijo de Dios.*

28. ¿ Pecó alguna vez Jesús?
   - *No, sólo Él es justo.*

29. ¿Qué hizo Jesús por su pueblo?
   - *Conquistó el pecado y la muerte.*

30. ¿Cómo conquistó el pecado y la muerte?
   - *Al morir, Jesús absorbió la ira de Dios por el pecado y luego resucitó.*

31. ¿Qué otra cosa conquistó Cristo?
   - *Conquistó a todos sus enemigos.*

32. ¿Son sus enemigos poderosos?
   - *No, ellos han llegado a nada.*

33. ¿Qué dio Jesús a su pueblo?
   - *Su propia justicia.*

34. ¿Qué tomó Jesús de su pueblo?

✧ *Todo sus pecados.*

35. ¿Cómo se trae la obra de Cristo a su pueblo?

✧ *A través del Espíritu Santo.*

36. ¿Qué hace el Espíritu Santo?

✧ *Él da vida a través de la fe.*

37. ¿Qué es la fe?

✧ *Completa confianza en lo que Dios dice a causa de quién es.*

38. ¿Cómo reconocemos la fe verdadera?

✧ *La fe produce buenas obras.*

39. ¿Quiénes son los hijos de Dios?

✧ *Aquellos que aman y confían en Jesús.*

40. ¿Cómo se llaman los hijos de Dios cuando se reúnen?

✧ *Su iglesia.*

41. ¿Cuál es el rasgo de Su iglesia?

✧ *Amor el uno por el otro.*

42. ¿Quién es la cabeza de la iglesia?

✧ *Jesucristo.*

43. ¿Es perfecta Su iglesia?

✧ *No, se está perfeccionando.*

44. ¿Cuándo será perfeccionada la iglesia?

✧ *Después del regreso de Cristo.*

45. ¿Qué sucede con la tierra cuando Cristo regrese?

✧ *Dios crea un nuevo cielo y tierra.*

46. ¿Qué sucede a los hombres cuando Cristo regrese?

✧ *Cristo juzga todos los hechos de los hombres.*

47. ¿Qué sucede a los que Cristo juzga?

✧ *Los justos moran con Él para siempre y los culpables mueren aparte de Él para siempre.*

48. ¿Cuál es la mala noticia para todos los hombres?

✧ *Todos han pecado y todos son condenados.*

49. ¿Qué son las buenas nuevas?

✧ *En su misericordia, Dios hizo una manera de salvar a los pecadores a través de la vida de Jesús, de su muerte y su resurrección.*

50. ¿Cómo sabemos que somos hijos de Dios?

✧ *El Espíritu de Dios da testimonio con nuestro espíritu de que somos hijos de Dios.*

Extra – ¿Qué son las buenas nuevas?

✧ *En su misericordia, Dios hizo una manera de salvar a los pecadores a través de la vida de Jesús, de su muerte y su resurrección.*

(Versión larga)

✧ *Hay un Dios que hizo todo lo visto y lo invisible. Hizo al hombre a su imagen. Lo hizo bueno, pero el hombre pecó. Dios sería justo si castigaba al hombre para siempre por su pecado, pero en su infinita misericordia, Dios hizo posible una manera de salvar al hombre. Él envió a Jesús, el Hijo eterno de Dios, totalmente Dios y totalmente hombre para vivir una vida que nosotros deberíamos haber vivido. Jesús sufrió y murió una muerte que nosotros merecíamos, pero por el poder del Espíritu, él resucitó de entre los muertos. Él ascendió al cielo, y para que aquellos que crean en Él, les dará el nuevo nacimiento y les dará el Espíritu para vivir en ellos. Un día Cristo volverá, juzgará todas las obras de los hombres y habitará para siempre con todos los que creyeron.*

Intermedio (edades 6-12)

1. ¿Quién te hizo?
   Dios.

2. ¿Qué más hizo Dios?
   Dios hizo todas las cosas.

3. ¿Por qué hizo Dios todas las cosas?
   Para Su propia gloria.

4. ¿Por qué las cosas funcionan como funcionan?
   Dios así lo mandó.

5. ¿Cómo aprendemos acerca de Dios?
   Dios se revela a sí mismo.

6. ¿Dónde se revela Dios a sí mismo?
   Dios se revela en su palabra, en la naturaleza, en los sueños y visiones.

7. ¿Qué revela Dios en la naturaleza?
   Dios revela su carácter, su ley y su ira.

8. ¿Qué más se revela a través de su palabra?
   La misericordia de Dios hacia su pueblo.

9. ¿Dónde se encuentra la palabra de Dios?
   La Biblia es la palabra de Dios.

10. ¿Cuántos Dioses hay?
    Dios es Uno: Dios el Padre – Dios el Hijo – Dios el Espíritu Santo.

11. ¿Dónde está Dios?

✧ *Dios está en todas partes.*

12. ¿Cuánto tiempo ha existido Dios?

✧ *Dios siempre ha existido.*

13. ¿Quién es Dios?

✧ *Dios es el primero y el mejor de todos los seres.*

14. ¿Cómo es Dios?

✧ *Dios es un espíritu, es eterno y es un ser personal. Él es perfecto en santidad, es todopoderoso y omnisciente.*

15. ¿Cómo se relaciona Dios con la creación?

✧ *Dios es el creador, redentor, conservador y gobernante del universo.*

16. ¿Quién escribió la Biblia?

✧ *Hombres obedientes que fueron guiados por Dios el Espíritu Santo.*

17. ¿Qué significa dar gloria?

✧ *Mostrar honor y disfrutar la grandeza de Dios.*

18. ¿Por qué debes glorificar a Dios?

✧ *Porque sólo Él merece la gloria.*

19. ¿Puedes ver a Dios?

✧ *No, no puedo ver a Dios, pero Él siempre me ve a mí.*

20. ¿Sabe Dios todas las cosas?

✧ *Sí, nada puede ser ocultado de Dios.*

21. ¿Puede Dios hacer todas las cosas?

✧ *Sí, Dios está en el cielo y hace lo que le agrada.*

22. ¿Qué significa que Dios es soberano?

✧ *Dios tiene el derecho, el poder y la autoridad para gobernar todas las cosas.*

23. ¿Qué significa que Dios es santo?

✧ *Dios es puesto aparte de todos los demás seres. Él es perfecto y puro.*

24. ¿Qué significa que Dios es justo?

✧ *Dios siempre hace lo correcto.*

25. ¿Dónde aprendes a amar y a obedecer a Dios?

✧ *Sólo lo aprendes en la Biblia a través de su Espíritu.*

26. ¿Qué usó Dios para crear todo?

✧ *Dios creó todo de nada.*

27. ¿Cómo es el hombre único?

✧ *El hombre lleva la imagen de Dios.*

28. ¿Quién fue el primer hombre?

✧ *Adán*

29. ¿Quiénes fueron nuestros primeros padres?

✧ *Adán y Eva.*

30. ¿Cómo era Adán durante la creación?

✧ *Adán era bueno.*

31. ¿Permaneció Adán bueno?

✧ *No, él pecó.*

32. ¿De qué fueron hechos nuestros primeros padres?

✧ *Dios hizo el cuerpo de Adán del polvo de la tierra, y formó a Eva del cuerpo de Adán.*

33. ¿Qué le dio Dios a Adán y a Eva además de sus cuerpos?

✧ *Les dio almas que nunca podrían morir.*

34. ¿Cuál es tu alma?

✧ *La parte de mí que vive para siempre.*

35. ¿Quién los tentó a pecar?

✧ *El diablo engañó a Eva. Adán voluntariamente comió la fruta que Eva le dio en lugar de obedecer a Dios.*

36. ¿Qué vino al mundo a través del pecado?

✧ *La muerte.*

37. ¿Actuó Adán por sí mismo?

✧ *No, él representaba a toda la humanidad.*

38. ¿Qué es el pecado?

✧ *Cualquier pensamiento o hecho que no trae gloria a Dios.*

39. ¿Cuál es el castigo por el pecado?

✧ *La muerte.*

40. ¿Qué trajo el pecado de Adán?

✧ *La muerte vino a todos los hombres.*

41. ¿Cómo afectó el pecado de Adán a todos los hombres?

✧ *Todos pecamos a través de Adán.*

42. ¿Deben morir todos por el pecado?

✧ *No, Dios eligió dar vida a algunos.*

43. ¿Cómo podemos ser salvos del pecado y de la muerte?

✧ *Sólo mediante la fe en Jesucristo.*

44. ¿Quién es Jesucristo?

✧ *El eterno Hijo de Dios.*

45. ¿Pecó alguna vez Jesús?

✧ *No, sólo Él es justo.*

46. ¿Qué hizo Jesús por su pueblo?

✧ *Él conquistó el pecado y la muerte.*

47. ¿Cómo conquistó el pecado y la muerte?

✧ *Al morir, Jesús absorbió la ira de Dios por el pecado y luego resucitó.*

48. ¿Qué otra cosa conquistó Cristo?

✧ *Conquistó a todos sus enemigos.*

49. ¿Son sus enemigos poderosos?

✧ *No, no han logrado nada.*

50. ¿Qué dio Él a su pueblo?

✧ *Su propia justicia.*

51. ¿Qué tomó Él de su pueblo?

✧ *Todo sus pecados.*

52. ¿Cómo se trae la obra de Cristo a su pueblo?

✧ *A través del Espíritu Santo.*

53. ¿Qué hace el Espíritu Santo?

✧ *Él da vida a través de la fe.*

54. ¿Qué es la fe?

✧ *Completa confianza en lo que Dios dice a causa de quién Él es.*

55. ¿Cómo reconocemos la fe verdadera?

✧ *La fe produce buenas obras.*

56. ¿Quiénes son los hijos de Dios?

✧ *Aquellos que aman y confían en Jesús*

57. ¿Cómo se llaman los hijos de Dios cuando se reúnen?

✧ *Su iglesia.*

58. ¿Cuál es el rasgo de Su iglesia?

✧ *Amar el uno por el otro.*

59. ¿Quién es la cabeza de la iglesia?

✧ *Jesucristo.*

60. ¿Es perfecta Su iglesia?

✧ *No, se está perfeccionando.*

61. ¿Cuándo será perfeccionada la iglesia?

✧ *Después del regreso de Cristo.*

62. ¿Qué sucede con la tierra cuando Cristo regrese?

✧ *Dios crea un nuevo cielo y tierra.*

63. ¿Qué sucede a los hombres cuando Cristo regrese?

✧ *Cristo juzga todos los hechos de los hombres.*

64. ¿Qué sucede con aquellos que Cristo considera justos?

✧ *Ellos habitan con Él para siempre.*

65. ¿Qué sucede con aquellos que Cristo condena?

✧ *Ellos mueren para siempre.*

66. ¿Cómo sabemos que somos hijos de Dios?

✧ *El Espíritu de Dios da testimonio de nuestro espíritu de que somos hijos de Dios.*

67. ¿Quién puede dar a un pecador un corazón nuevo?

✧ *Sólo el Espíritu Santo.*

68. ¿Qué se llama este nuevo corazón?

✧ *Regeneración.*

69. ¿Puede alguien ganar la salvación?

✧ *Ninguno puede ganar la salvación.*

70. ¿Por qué nadie puede salvarse a través de obras?

✧ *Porque todos han pecado y ya están condenados a muerte.*

71. ¿Acaso nuestro Señor Jesucristo cometió el menor pecado?

✧ *No, Cristo es perfectamente justo.*

72. ¿Cómo pudo haber sufrido el Hijo de Dios?

✧ *Cristo, el Hijo de Dios, se hizo hombre para poder obedecer y sufrir por nuestra naturaleza.*

73. ¿Qué significa la expiación?

✧ *La justicia divina satisfactoria de Cristo que cubre los pecados de los hijos de Dios.*

74. ¿Qué es la justificación?

✧ *Es el perdón de Dios a los pecadores declarándolos justos en Cristo.*

75. ¿Qué es la santificación?

✧ *Es Dios haciendo a los pecadores santos de corazón y conducta como Su Hijo.*

76. ¿Para quién obedeció y sufrió Cristo?

✧ *Para aquellos que el Padre le había dado.*

77. ¿Qué tipo de muerte murió Cristo?

✧ *La dolorosa y vergonzosa muerte de cruz.*

78. ¿Quién será salvo?

✧ *Sólo aquellos que creen en Jesucristo.*

79. ¿Qué significa arrepentirse?

✧ *Es cambiar nuestros caminos para seguir los caminos de Dios.*

80. ¿Qué significa creer o tener fe en Cristo?

✧ *Es confiar sólo en Cristo para la salvación.*

81. ¿Puedes arrepentirte y creer en Cristo por tu propio poder?

✧ *No, no puedo hacer nada bueno sin la ayuda de Dios el Espíritu Santo.*

82. ¿De qué tribu era Jesús?

✧ *Como fue profetizado, el Mesías vino de la tribu de Judá.*

83. ¿Quiénes fueron la madre y el padre de Jesús?

✧ *Jesús nació de María y fue adoptado como hijo por su esposo José.*

84. ¿Cuántos oficios tiene Cristo?

✧ *Cristo tiene tres oficios.*

85. ¿Qué son?

✧ *Los oficios de profeta, sacerdote y de rey.*

86. ¿Cómo es Cristo un profeta?

✧ *Cristo proclama la voluntad de Dios.*

87. ¿Cómo es Cristo un sacerdote?

✧ *Cristo murió por nuestros pecados y suplica a Dios por nosotros.*

88. ¿Cómo es Cristo un rey?

✧ *Cristo gobierna sobre nosotros y nos defiende.*

89. ¿Cuántos mandamientos dio Dios a Israel en el Monte Sinaí?

✧ *613.*

90. ¿Qué llamamos los mandamientos que Dios escribió en la piedra?

✧ *Los Diez Mandamientos.*

91. ¿Qué enseñan los primeros cuatro mandamientos?

✧ *Enseñan nuestro deber a Dios.*

92. ¿Qué enseñan los últimos seis mandamientos?

✧ *Enseñan nuestro deber a nuestros semejantes.*

93. ¿Cuál es el resumen de los Diez Mandamientos?

✧ *Amar a Dios con todo mi corazón, alma, mente y fuerza, y a mi prójimo como a mí mismo.*

94. ¿Cuál es el primer mandamiento?

✧ *No tendrás otros dioses delante de mí.*

95. ¿Qué nos enseña el primer mandamiento?

✧ *Adorar solamente a Dios.*

96. ¿Cuál es el segundo mandamiento?

✧ *No hagas para ti una imagen tallada.*

97. ¿Qué nos enseña el segundo mandamiento?

✧ *Adorar a Dios solamente y huir de la idolatría.*

98. ¿Cuál es el tercer mandamiento?

✧ *No tomarás el nombre del Señor tu Dios en vano.*

99. ¿Qué nos enseña el tercer mandamiento?

✧ *Dar reverencia al nombre de Dios, a su palabra y a sus obras.*

100. ¿Qué es el cuarto mandamiento?

✧ *Acuérdate del día de reposo para santificarlo.*

101. ¿Qué nos enseña el cuarto mandamiento?

✧ *Descansar y recordar cómo Dios nos ha librado.*

102. ¿Qué es el quinto mandamiento?

✧ *Honra a tu padre y a tu madre para que tus días sean largos en la tierra que el Señor Dios te da.*

“ 103. ¿Qué nos enseña el quinto mandamiento?

✧ *Apreciar la sabiduría de Dios en la elección de mis padres y amar los caminos de Él.*

“ 104. ¿Qué es el sexto mandamiento?

✧ *No matarás.*

“ 105. ¿Qué nos enseña el sexto mandamiento?

✧ *Valorar la vida y huir de las pasiones que enojan.*

“ 106. ¿Qué es el séptimo mandamiento?

✧ *No cometerás adulterio.*

“ 107. ¿Qué nos enseña el séptimo mandamiento?

✧ *Ser puro de corazón y mantener firme a nuestra pareja.*

“ 108. ¿Cuál es el octavo mandamiento?

✧ *No robarás.*

“ 109. ¿Qué nos enseña el octavo mandamiento?

✧ *Ser honesto, trabajador y ser respetuoso a las posesiones de los demás.*

“ 110. ¿Qué es el noveno mandamiento?

✧ *No darás falso testimonio contra tu prójimo.*

“ 111. ¿Qué nos enseña el noveno mandamiento?

✧ *Decir la verdad independientemente de las consecuencias, y huir de la ganancia deshonesta.*

“ 112. ¿Qué es el décimo mandamiento?

✧ *No codiciarás.*

“ 113. ¿Qué nos enseña el décimo mandamiento?

✧ *Estar contentos con lo que tenemos.*

“ 114. ¿Puede algún hombre guardar los mandamientos de Dios perfectamente?

✧ *Con excepción de Cristo, ningún hombre desde la caída de Adán jamás pudo o puede guardar los mandamientos de Dios perfectamente.*

“ 115. ¿De qué nos sirven los diez mandamientos?

✧ *Ellos revelan los caminos de Dios y muestran nuestra necesidad de un Salvador.*

“ 116 ¿Qué es la oración?

✧ *La oración es hablar con Dios para adorarlo; para expresar gratitud, necesidades, y deseos; y para confesar nuestros pecados.*

“ 117. ¿En cuál nombre debemos orar?

✧ *Sólo en el nombre de Cristo.*

“ 118. ¿Qué nos ha dado Cristo para enseñarnos a orar?

✧ *La oración llamada El Padre Nuestro.*

“ 119. Repita la oración del Señor.

✧ *Padre nuestro que estás en el cielo, santificado sea tu nombre, venga tu reino, hágase tu voluntad en la tierra como en el cielo. Danos hoy el pan que necesitamos. Perdónanos nuestras deudas, como también nosotros hemos perdonado a nuestros deudores. Y no nos dejes caer en tentación, sino líbranos del mal. Porque tuyo es el reino, y el poder y la gloria para siempre. Amén.*

“ 120. ¿Cuántos sacramentos hay?

✧ *Dos.*

“ 121. ¿Qué son?

✧ *El Bautismo y la Cena del Señor.*

“ 122. ¿Quién designó estos sacramentos?

✧ *El Señor Jesucristo.*

123. ¿Qué signo se usa en el bautismo?

✧ *La inmersión (cubrimiento) del cuerpo en agua.*

124. ¿Qué significa el bautismo?

✧ *Significa que somos limpios del pecado, somos muertos al mundo y ahora vivos en Cristo.*

125. ¿En cuyo nombre somos bautizados?

✧ *En el nombre del Padre, del Hijo, y del Espíritu Santo.*

126. ¿Quiénes deben ser bautizados?

✧ *Aquellos cuya fe está sólo en Cristo para la salvación.*

127. ¿Qué es la Cena del Señor?

✧ *Es el comer pan y beber vino en memoria de los sufrimientos y la muerte de Cristo.*

128. ¿Qué representa el pan?

✧ *Representa el cuerpo de Cristo, quebrantado por nuestros pecados.*

129. ¿Qué representa el vino?

✧ *Representa la sangre de Cristo, derramada por nuestra salvación.*

130. ¿Quién debe participar de la Cena del Señor?

✧ *Sólo aquellos que aman y confían en Jesús.*

131. ¿Qué es la adopción espiritual?

✧ *La adopción espiritual es un acto de la gracia libre de Dios, donde nos convertimos en hijos de Dios y tenemos derechos a todos los privilegios como hijos e hijas de Dios.*

132. ¿Qué beneficios reciben los hijos de Dios?

✧ *Reciben seguridad del amor de Dios, la paz de conciencia, el gozo en el Espíritu Santo, el aumento de gracia, y la perseverancia hasta el fin.*

133. ¿Cuál es el mayor propósito del matrimonio?

Mostrar el evangelio al mundo.

134. ¿Cómo debe relacionarse un esposo con su esposa?

Como Cristo se relaciona con su iglesia.

135. ¿Cómo se relaciona Cristo con su iglesia?

Se entregó a sí mismo por ella para hacerla santa.

136. ¿Cómo ama un esposo a su esposa al igual que Cristo ama a su iglesia?

Sólo por el poder del Espíritu Santo.

137. ¿Cómo debe una esposa relacionarse con su esposo?

Ella se somete al Señor.

138. ¿Cómo se somete una esposa a su marido?

Sólo por el poder del Espíritu Santo.

139. ¿Permaneció Cristo en la tumba después de su crucifixión?

No, se levantó de la tumba al tercer día después de su muerte.

140. ¿Dónde está Cristo ahora?

En el cielo, intercediendo por los santos.

141. ¿Vendrá otra vez?

Sí, en el último día, Cristo vendrá a juzgar al mundo.

142. ¿Qué es el infierno?

Es un lugar de terrible e interminable tormento creado para los demonios.

143. ¿Qué será de los justos?

Ellos vivirán para siempre en la presencia de Dios.

144. ¿Qué será de los impíos en el Día del Juicio?

✧ *Ellos serán arrojados al infierno.*

145. ¿Qué es el cielo?

✧ *Es un lugar glorioso donde los justos estarán para siempre con Dios y Dios con ellos.*

146. ¿Qué hacen los ángeles?

✧ *Dios creó a todos los ángeles para hacer Su voluntad y alabar Su nombre.*

147. ¿Cuál es la providencia de Dios hacia los ángeles?

✧ *Dios por su providencia permitió que algunos de los ángeles, voluntariosamente e irremediablemente, cayeran en pecado y condenación.*

148. ¿Cuáles son los ángeles que Dios permitió caer?

✧ *Los demonios.*

149. ¿Quién fue el ángel que Dios permitió llevar a otros ángeles a la condenación?

✧ *Lucifer.*

150. ¿A qué cambió Dios el nombre de Lucifer?

✧ *Satanás.*

151. ¿Qué hacen los demonios hoy?

✧ *Demonios intentan avanzar el reino de Satanás y destruir a los elegidos de Dios.*

152. ¿Qué hacen hoy los ángeles?

✧ *Ellos se esfuerzan en traer la gloria de Dios haciendo todo lo que Él ordena y ministran a los elegidos de Dios.*

153. ¿Qué ha decretado Dios para Satanás y sus demonios?

✧ *Ellos serán arrojados al infierno por la eternidad.*

154. ¿Cuál es el último enemigo que será arrojado al infierno?

✧ *La muerte.*

155. ¿Qué pasará con la tierra?

✧ *Dios la destruirá y hará nuevas todas las cosas.*

156. ¿Qué promesa cumple Dios a Sus elegidos en la eternidad?

✧ *Dios será su Dios, y ellos serán su pueblo.*

157. ¿Qué son las buenas nuevas?

✧ *En misericordia, Dios hizo un camino para salvar a los pecadores a través de la vida, muerte y resurrección de Jesús.*

(Versión larga)

✧ *Hay un Dios que hizo todo lo visto y lo invisible. Hizo al hombre a su imagen. Lo hizo bueno, pero el hombre pecó. Dios sería justo si castigaba al hombre para siempre por su pecado, pero en su infinita misericordia, Dios hizo posible una manera de salvar al hombre. Él envió a Jesús, el Hijo eterno de Dios, totalmente Dios y totalmente hombre para vivir una vida que nosotros deberíamos haber vivido. Jesús sufrió y murió una muerte que nosotros merecíamos, pero por el poder del Espíritu, él resucitó de entre los muertos. Él ascendió al cielo, y para que aquellos que crean en Él, les dará el nuevo nacimiento y les dará el Espíritu para vivir en ellos. Un día Cristo volverá, juzgará todas las obras de los hombres y habitará para siempre con todos los que creyeron.*

Cronología de la Biblia Judía (edades 2+)

Catecismo

1. ¿ A quién eligió Dios que fuera bendición para todas las naciones?
✧ *Abraham.*

2. ¿Era Abraham un hombre justo cuando Dios lo llamó?
✧ *No, él adoraba ídolos.*

3. ¿Cuándo fue Abraham declarado justo?
✧ *Cuando la Biblia dice que él creyó en Dios.*

4. ¿Qué clase de pacto hizo Dios con Abraham?
✧ *Un pacto incondicional.*

5. ¿Qué es un pacto incondicional?
✧ *Es un pacto arraigado en la fidelidad de Dios.*

6. ¿Qué le prometió Dios a Abraham en su pacto incondicional?
✧ *Dios prometió darle tierras y descendencia, y que todas las familias de la tierra serían bendecidas a través de él.*

7. ¿Cuál era el nombre del hijo de Abraham concebido a través de la carne?
✧ *Ismael, quien fue concebido por una mujer esclava.*

8. ¿Cuál es el nombre del hijo de Abraham concebido a través de la promesa de Dios?
✧ *Isaac, quien fue concebido por la esposa de Abraham, Sara, según la promesa de Dios.*

9. ¿Qué pasó con Ismael?

✧ *Dios dijo que se convertiría en una gran nación, pero su mano estaría en contra de todos y la mano de todos contra él.*

10. ¿Quién fue el hijo primogénito de Isaac?

✧ *Esaú fue el hijo primogénito del Isaac.*

11. ¿Obtuvo Esaú la bendición del primogénito?

✧ *No, el hijo menor, Jacob recibió la bendición a través de engaños.*

12. ¿Necesitaba Jacob recurrir al engaño para conseguir la bendición primogénita?

✧ *No, Dios ya había prometido que el hijo mayor serviría al menor.*

13. ¿A qué cambió Dios el nombre de Jacob?

✧ *Israel.*

14. ¿Qué significa el nombre de Israel?

✧ *Uno que lucha con Dios.*

15. ¿Cuántos hijos tuvo Jacob?

✧ *Él tuvo 12 hijos.*

16. ¿Cuál de los hijos de Jacob fue vendido como esclavo por sus hermanos?

✧ *José.*

17. ¿Por qué los hermanos de José lo vendieron a la esclavitud?

✧ *Jacob amaba más a José y esto hizo a sus hermanos celosos.*

18. ¿Dónde terminó José después de ser vendido por sus hermanos?

✧ *José fue esclavizado en Egipto.*

19. ¿Qué hicieron los hermanos de José para engañar a su padre Jacob?

✧ *Mojaron el manto de José con sangre y le dijeron a Jacob que un animal lo había matado.*

20. ¿Qué pasó con José en Egipto?

✧ *Dios estaba con él, y él ganó el favor del Faraón en Egipto.*

21. ¿Cómo proporcionó José alimentos a su familia durante la escasez de comida?

✧ *Faraón nombró a José el segundo encargado de todo Egipto, incluyendo la venta de comida.*

22. ¿Reconocieron los hermanos a José cuando vinieron a comprar comida?

✧ *No, pero José los reconoció a ellos y los trató duro antes de mostrarles misericordia.*

23. ¿Qué pasó con la familia de Jacob cuando se reunieron con José en Egipto?

✧ *Jacob y su familia se mudaron a Egipto.*

24. ¿Qué sucedió con el pueblo de Dios en Egipto?

✧ *Se multiplicaron, y entonces el Faraón los esclavizó porque tuvo temor.*

25. ¿Quiénes son las 12 tribus de Israel que recibieron parte de la tierra prometida?

✧ *Rubén, Simeón, Judá, Dan, Neftalí, Gad, Aser, Isacar, Zabulón, Benjamín, Efraín y Manasés.*

26. ¿Cuál de los hijos de Jacob recibió una doble bendición?

✧ *José, porque sus dos hijos, Manasés y Efraín, recibieron una porción de tierra en Canaán.*

27. ¿Cuál de los hijos de Jacob no recibió una porción de la tierra prometida?

✧ *La tribu de Levi.*

28. ¿Qué recibió la tribu de Leví en lugar de tierra?

✧ *Dios es la herencia de Levi.*

29. ¿Recibió el hijo primogénito de Jacob la bendición?

✧ *No, el hijo de José, Efraín, recibió la bendición física, y Judá recibió la promesa de que su descendencia gobernaría.*

30. ¿Cuántos años fue esclavizado el pueblo de Dios en Egipto?

✧ *430 años.*

31. ¿A quién usó Dios para librar al pueblo judío?

✧ *Moisés, de la tribu de Leví.*

32. ¿Dónde creció Moisés?

✧ *Moisés fue adoptado por la hija de Faraón y creció en Egipto.*

33. ¿Cuántas plagas envió Dios a Egipto antes de que el pueblo judío fuera liberado?

✧ *10.*

34. ¿Cuál fue la plaga final?

✧ *La muerte del primogénito.*

35. ¿Por qué no murieron los niños judíos?

✧ *Ellos obedecieron a Dios, sacrificaron un cordero y pusieron la sangre sobre sus puertas.*

36. ¿Salió el pueblo judío de Egipto en pobreza?

✧ *No, Dios hizo que los egipcios les dieran grandes riquezas.*

37. ¿Qué hizo el pueblo judío con esas riquezas?

✧ *Ellos dieron alegremente sus riquezas para construir el templo de Dios.*

38. ¿Qué le dio Dios a Moisés en el monte Sinaí?

✧ *La Torá (la Ley).*

39. ¿Acordó Israel guardar la Torá?

✧ *Sí.*

40. ¿Qué prometió Dios hacer si Israel no guardaba su promesa?

✧ *Prometió maldecirlos y sacarlos de la tierra que prometió a Abraham.*

41. ¿Guardó Israel la promesa de obedecer la Torá?

✧ *No, así que fueron exiliados como Dios había prometido.*

42. ¿Prometió Dios solamente el exilio si lo desobedecían?

✧ *No, también prometió regresar la nación de Israel a su tierra.*

43. ¿Escogió Dios a Israel por ser la mejor nación?

✧ *No, Dios los escogió porque le agradaba.*

44. ¿Cuántas fiestas dio Dios a Israel?

✧ *Siete fiestas o tiempos asignados.*

45. ¿Se requiere que los gentiles guarden las fiestas?

✧ *No, sólo eran para las tribus de Israel.*

46. ¿Qué son las fiestas de la primavera?

✧ *Fiesta de la Pascua, Fiesta de los Panes sin Levadura, Fiesta de los Primeros Frutos, y Fiesta de las Semanas (también llamada Pentecostés).*

47. ¿Qué son las Fiestas del Otoño?

✧ *Fiesta de las Trompetas, El Día de la Expiación, y La Fiesta de los Tabernáculos (también llamada las Cabinas).*

48. ¿Qué aprendemos de la Fiesta de la Pascua?

✧ *Aprendemos que la muerte pasó sobre el primogénito de las familias judías, para que Dios pudiera librarlos de la muerte. El cordero de la Pascua apuntaba a Jesús.*

49. ¿Qué podemos aprender de la Fiesta de los Panes sin Levadura?

✧ *Aprendemos que el pecado es el problema y necesita ser removido. Jesús es el pan de vida sin pecado. En Cristo, los creyentes son limpios del pecado.*

50. ¿Qué podemos aprender de la Fiesta de los Primeros Frutos?

✧ *Aprendemos que Dios es el que da la cosecha, y Jesús es el primer fruto de los que resucitarán de entre los muertos.*

51. ¿Qué podemos aprender de la Fiesta de las Semanas (Pentecostés)?

✧ *Aprendemos que los 50 días después de la Fiesta de los Primeros Frutos, Dios dio la Torá y 50 días después de que Jesús resucitó de los muertos, Dios dio el Espíritu Santo.*

52. ¿Por qué son especiales las Fiestas de Otoño?

✧ *Cada fiesta enseña una lección del pasado y una lección del futuro.*

53. ¿Qué podemos aprender de la Fiesta de las Trompetas?

✧ *Aprendemos que Israel celebra el Año Nuevo como el nacimiento de la creación. Un día sonará la trompeta y Jesús vendrá por su Iglesia.*

54. ¿Qué podemos aprender del Día de la Expiación?

✧ *Aprendemos que era el día del año en que el sumo sacerdote entraba en el Santo de los Santos para pedir perdón por los pecados de Israel, y es el día en el futuro que Cristo regresará físicamente a la tierra.*

55. ¿Qué podemos aprender de la Fiesta de los Tabernáculos (las Cabinas)?

✧ *Aprendemos que Dios proveyó en el desierto cuando Israel salió de Egipto. Un día, los creyentes morarán con Dios.*

56. ¿Qué es el Jubileo?

✧ *Cada 50 años, se proclamaba la libertad en toda la tierra. Se regresaban todas las propiedades que tenían deudas sin pagar y daban libertad a todos los cautivos.*

57. ¿Qué hizo Moisés cuando Israel llegó a la frontera de la tierra prometida?

✧ *Envió a 12 espías para espiar la tierra que Dios les había dado.*

58. **¿Qué informe dieron los 12 espías enviados por Moisés para inspeccionar la tierra prometida?**

✧ *Diez espías informaron con temor, mientras que dos informaron con fe en Dios.*

59. **¿Cuáles son los nombres de los dos espías que informaron con fe?**

✧ *Josué, hijo de Nun, y Caleb de la tribu de Judá.*

60. **¿Qué hizo Dios cuando la gente decidió escuchar a los 10 espías que tenían miedo?**

✧ *Dios hizo que Israel vagara por el desierto por 40 años.*

61. **¿Condujo Moisés a Israel a la tierra prometida?**

✧ *No, él desobedeció a Dios y no llegó a entrar a la tierra prometida.*

62. **¿Quién llevó a Israel a la tierra prometida?**

✧ *Josué, hijo de Nun, llevó a Israel a la tierra prometida.*

63. **¿Expulsó Israel a toda la gente que moraba en la tierra prometida?**

✧ *No, después de que Josué murió, la siguiente generación no siguió a Dios y perdieron sus batallas.*

64. **¿A quién envió Dios para ayudar a guiar a Israel después de que Josué murió?**

✧ *Dios envió a jueces que temporalmente guiaron y libraron a Israel de sus enemigos.*

65. **¿Nombra algunos jueces de la Biblia?**

✧ *Gedeón, Débora, Sansón y Samuel fueron todos los jueces.*

66. **¿Quién fue Samuel?**

✧ *Samuel fue el último juez y el profeta que ungió al primer rey de Israel.*

67. **¿Cómo rechazó Israel a Dios como su gobernante?**

✧ *Israel pidió tener un rey así como las otras naciones.*

68. **¿Quién fue el primer rey de Israel?**

✧ *Dios les dio a Saúl de la tribu de Benjamín como primer rey de Israel.*

69. ¿Quién fue el segundo rey de Israel?

✧ *David de la tribu de Judá.*

70. ¿Qué le prometió Dios al rey David?

✧ *Dios le prometió a David que alguien de su línea familiar sería el Mesías, y su reino duraría para siempre.*

71. ¿Cuál de los hijos de David fue su sucesor como rey?

✧ *Salomón, hijo de Betsabé, cuyo marido Urías, David mató.*

72. ¿Quién edificó el templo en Jerusalén?

✧ *Dios dejó que Salomón lo construyera ya que David era un hombre de sangre.*

73. ¿Permaneció Salomón fiel?

✧ *No, Salomón no escuchó las instrucciones de Dios y fue llevado a la idolatría por mujeres extranjeras.*

74. ¿Qué consecuencia vino como resultado de la idolatría de Salomón?

✧ *El reino se dividido en dos: el Reino del Norte y el Reino del Sur.*

75. ¿Cuántas tribus había en el Reino del Norte?

✧ *10 tribus.*

76. ¿Qué dos tribus permanecieron fieles a la línea de David?

✧ *La tribu de Benjamín y la tribu de Judá.*

77. ¿Cuál fue la capital del Reino del Norte?

✧ *Samaria.*

78. ¿Cuál fue la capital del Reino del Sur?

✧ *Jerusalén fue, es, y será siempre la Ciudad Santa.*

79. ¿Por qué fueron conquistados ambos reinos?

✧ *Debido a su continua idolatría, Dios los dispersó como Él había prometido.*

80. ¿En qué año fue el Reino del Norte conquistado por los asirios?

✧ *En 722 A.C.*

81. ¿En qué año fue el Reino del Sur conquistado por los babilonios?

✧ *Fue conquistado en 607, y el Templo destruido en 586 A.C.*

82. ¿Qué otros nombres llama la biblia al Reino del Norte?

✧ *Efraín y la Casa de Israel.*

83. ¿Qué otro nombre llama la biblia al Reino del Sur?

✧ *Judá.*

84. ¿Cuántos reyes gobernaron el Reino del Norte?

✧ *Dios ungió a 19 reyes, pero todos fueron malignos y ninguno de ellos venía de la línea de David.*

85. ¿Cuántos reyes gobernaron el Reino del Sur?

✧ *Dios ungió 20 reyes; seis fueron buenos, y todos fueron de la línea de David.*

86. ¿Regresaron las tribus de Israel alguna vez a la tierra que Dios les había prometido?

✧ *Como Dios había profetizado, Ciro, rey de Persia, dejó que los exiliados del Reino del Sur regresaran a Israel. Muchas de las tribus del Reino del Norte regresaron, pero no de la misma manera profetizada.*

87. ¿Quién fue Elías?

✧ *Fue un profeta durante el reino del rey malo llamado Acab, que hizo muchos milagros y destruyó a los profetas de Baal.*

88. ¿Qué profetizó el profeta Ezequiel?

✧ *Ezequiel advirtió de la destrucción de Israel pero prometió que un nuevo espíritu sería dado y que Dios reunificaría a Israel.*

89. ¿Qué profetizó Isaías?

✧ *Isaías advirtió de la destrucción de Judá pero dio muchas profecías sobre el Mesías venidero.*

90. ¿Quién es Esdras?

✧ *Es un descendiente sacerdotal de Aarón que regresó después del exilio de Babilonia y reintrodujo la Torá (la Ley) a Israel.*

91. ¿Quién condujo el primer retorno de los judíos del exilio?

✧ *Zorobabel condujo al primer grupo de judíos a Jerusalén después de 70 años de exilio y reconstruyó el templo.*

92. ¿Quién condujo el segundo regreso de los judíos del exilio?

✧ *Esdras el escriba, condujo al segundo grupo de judíos a Jerusalén y restauró la adoración en el templo.*

93. ¿Quién condujo el tercer retorno de los judíos del exilio?

✧ *Nehemías condujo el tercer grupo de gente judía y reconstruyó la pared del templo.*

94. Guiados por Nehemías, ¿cuánto tiempo tomó para reconstruir la pared en Jerusalén?

✧ *Sólo tomó 52 días.*

95. ¿Por qué no fue el segundo templo tan bueno como el primero?

✧ *Fue sin el arca del pacto, así que la presencia de Dios no estaba allí como antes.*

96. ¿Quién es Esther?

✧ *Una joven judía que fue reina de Persia durante el exilio.*

97. ¿Qué hizo Ester?

✧ *La reina Ester escuchó el sabio consejo, arriesgó su vida y detuvo un plan de exterminar a todos los judíos.*

98. ¿Quién era Malaquías?

✧ *Malaquías fue el último profeta enviado por Dios a Israel antes de enviar a Juan el Bautista 400 años después.*

99. ¿Quién era Juan el Bautista?

✧ *Juan el Bautista fue el último profeta del Antiguo Testamento y fue el precursor del Mesías.*

100. ¿Qué dijo Juan el Bautista cuando Jesús se le acercó?

✧ *"Aquí tienen al Cordero de Dios, que quita el pecado del mundo" (Juan 1:29).*

Herramientas del Discipulado Familiar

Bendiciones de las Escrituras

Estas bendiciones son simplemente escrituras que han sido un tanto personalizadas para que un padre, madre, abuelos o incluso hermanos mayores puedan orar por los niños.

Génesis 48:15-16*

Que el Dios ante quien Abraham e Isaac caminaron,
el Dios que ha sido mi pastor hasta hoy,
y que me ha librado de todo daño
te bendiga y haga que Su nombre viva en ti
y en tus hijos que vengan después. ¡Amén!

1 Reyes 8:57-60*

Que el Señor nuestro Dios esté contigo como ha estado conmigo.
Que Él nunca te deje ni te abandone.
Que Él incline tu corazón hacia Él
y que te haga caminar en todos Sus caminos.
Día y noche que tus oraciones estén cerca de Él.
Que el Señor mantenga su causa
y la causa de todo Su pueblo
Para que tú y todos los pueblos de la tierra sepan
que el Señor es Dios, y que no hay otro. ¡Amén!

Números 6:24-26*

El Señor te bendecirá y te mantendrá.
El Señor hará resplandecer Su rostro sobre ti
y tendrá misericordia de ti.
El Señor levantará Su rostro sobre ti
Y te dará paz. ¡Amén!

Salmo 1*

¡Que el Señor te bendiga!
Que el Señor te dé
el valor de no andar en el consejo de los impíos;
la fe para no permanecer en el camino de los pecadores;
y la decisión de no sentarte en el asiento de burladores.
Que siempre te deleites en la ley de Jehová
y medites en ella de día y de noche.
Que seas como un árbol plantado por arroyos de agua,
que produce su fruto a tiempo
y sus hojas no se marchitan.
Que el Señor haga prosperar todo lo que haces para Su gloria,
Y que el Señor cuide de tu camino
todos los días de tu vida
para que puedas permanecer en el día del juicio
y unirte a la asamblea de los justos para siempre. ¡Amén!

Deuteronomio 28: 3-6*

Bendito serás cuando obedezcas al Señor tu Dios.
Bendito serás en la ciudad.
Bendito serás en el campo.

Bendita será tu descendencia.
Bendita será la obra de tus manos.
Bendito serás cuando entres.
Bendito serás cuando salgas.
Bendito sea el nombre del Señor en tu vida, por siempre y para siempre. ¡Amén!

Salmo 4*

Que el Señor responda cuando ores
y alivie tu angustia.
Que Él levante la luz de Su rostro sobre ti
y extienda alegría en tu corazón, excediendo todo gozo terrenal.
Que el Señor te establezca como una persona piadosa
que confía en Él.
Que el Señor te haga morar en seguridad.
Y cuando te acuestes, que puedas dormir en paz. ¡Amén!

Salmo 13:5-6*

Que el Señor trate abundantemente contigo
todos los días de tu vida,
Y que siempre tengas confianza en la misericordia de Jehová.
En los días de dolor y oscuridad,
regocíjate en la salvación del Señor
Y canta a Él por siempre y para siempre. ¡Amén!

Filipenses 1:9-11

Te bendigo, para que tu amor pueda abundar más y más
en conocimiento real y todo discernimiento,

para que puedas aprobar las cosas que son excelentes,
para que seas sincero y sin culpa hasta el día de Cristo;
Que seas lleno del fruto de la justicia
que viene a través de Jesucristo, a la gloria y alabanza de Dios.
¡Amén!

1 Tesalonicenses 3:10-13*

Que Dios complete lo que falta en tu fe
para que conozcas a Dios el Padre, a Su hijo Jesús
para que el Espíritu de Dios dirija tu camino.
Que el Señor en ti haga que crezca y que abunde el amor por todas las personas,
para que establezca tu corazón sin culpa en santidad
ante Dios cuando venga el Señor Jesús. ¡Amén!

Salmo 16*

Que el Señor sea tu consejero todos los días de tu vida.
Aún en la noche, que el Señor instruya tu corazón.
Que siempre pongas al Señor delante de ti.
Que el Señor esté siempre a tu mano derecha
para que nunca caigas.
Que tu corazón se alegre, tu lengua se regocije,
y tu cuerpo descanse seguro.
Que el Señor te dé a conocer el camino de la vida,
y te llene de alegría en Su presencia
y te de dicha eterna a Su mano derecha por siempre y para siempre. ¡Amén!

Salmo 23*

Que el Señor sea tu pastor.
Que Él te bendiga con todo lo que necesitas.
Que Él te haga acostarte en verdes pastos,
y te lleve junto a aguas tranquilas, y restaure tu alma.
Que Él te guíe en senderos de justicia
por amor a Su nombre.
Que Su vara y Su cayado te ayuden a no temer el mal
aun cuando camines
por el valle de la sombra de la muerte.
Que el Señor prepare una mesa delante de ti
en presencia de tus enemigos.
Que Él unja tu cabeza con aceite.
Que tu copa de alegría fluya continuamente.
Que la bondad y la misericordia del Señor te sigan
todos los días de tu vida
Y vivas en la casa de Jehová para siempre. ¡Amén!

Salmo 103:1-5*

Bendice a Jehová todos los días de tu vida.
Con todo lo que hay dentro de ti, bendice su santo nombre.
Que nunca olvides los beneficios de aquel que
perdona tus pecados, cura tus enfermedades y
redime tu vida de la destrucción.
Que el Señor satisfaga tus años con las cosas buenas
Y corone tu vida con cariño
Y misericordias para siempre. ¡Amén!

Salmo 112*

Que seas una persona bendita que teme al Señor;
Que encuentres gran deleite en los mandamientos del Señor.
Que tus hijos sean poderosos en la tierra. Incluso la siguiente generación, que tú y tus hijos sean bendecidos.
Que encuentres tu fortuna y tus riquezas en Dios.
Que permanezcas en justicia para siempre.
Incluso en la oscuridad, que la luz amanezca para ti.
Que seas una persona llena de misericordia, compasiva y justa.
Que seas fuerte y no caigas. Y que tu nombre, [Insertar el nombre], sea recordado por el Señor para siempre. ¡Amén!

Salmo 121:5-8*

Que el Señor te vigile.
Que Él sea una sombra protectora a tu mano derecha
para que el sol no te haga daño de día
o la luna por la noche.
Que el Señor te guarde de todo mal.
Que Él vigile tu vida.
Que Él te cuide cuando vengas y cuando vayas
desde ahora y para siempre. ¡Amén!

2 Tesalonicenses 1:11-12*

Por eso siempre oro por ti:
Para que el Señor te haga digno de Su llamamiento
cumpliendo toda buena resolución y obra de fe

por su poder.
Y que el nombre del Señor Jesús sea glorificado en ti
y tú en Él, según la gracia
de nuestro Dios y de nuestro Señor Jesucristo,
A quien sea la gloria por siempre y para siempre. ¡Amén!

2 Tesalonicenses 2:16-17, 3:16*

Que el Señor Jesucristo mismo y Dios nuestro Padre,
quien te ama y por Su gracia
te de eterno estímulo y esperanza, comodidad
y fortalezca tu corazón en toda buena obra y palabra.
Que el Señor de paz te dé paz continuamente
Y en toda buena circunstancia.
Y que la gracia del Señor Jesucristo esté contigo
ahora y siempre. ¡Amén!

Hebreos 12: 1*

Que el Señor te bendiga como a los valientes de la fe
que han ido antes de ti.
Que Él te dé:
gracia para dejar a un lado todo peso que nos estorba
y el pecado que tan fácilmente nos enreda;
resistencia para correr la carrera por delante;
fijando la mirada en Jesús,
quien es el autor y el que perfecciona nuestra fe. ¡Amén!

Hebreos 13:20-21*

Que el Dios de la Paz
quien levanto de entre los muertos a nuestro Señor Jesucristo
a través de la sangre del pacto eterno
te capacite con todo lo bueno para hacer Su voluntad,
y que Él produzca en ti mediante el poder de Jesucristo, todo lo bueno
que le agrada.
A quien sea la gloria por siempre y para siempre. ¡Amén!

Salmo 125:1-2*

Que el Señor engrandezca tu confianza en él.
Que seas como el monte de Sión que no puede ser sacudido
pero permanece para siempre.
Así como las montañas rodean a Jerusalén,
que el Señor te rodee
ahora y para siempre. ¡Amén!

Salmo 15*

Que seas bendecido con la presencia de Jehová.
Que tu caminar sea irreprochable y tu obra sea justa.
Que el Señor guarde tu lengua del pecado
Y tus relaciones con otros sean puras.
Que seas honrado, cariñoso y generoso con tu dinero.
Que el Señor te guarde en Su camino
para que no caigas
sino que permanezcas en la justicia para siempre. ¡Amén!

Romanos 15:13*

Que el Dios de la esperanza te llene de toda alegría y paz
al confiar en Él,
para que abundes en esperanza,
a través del poder del Espíritu Santo. ¡Amén!

2 Corintios 13:14*

Que la gracia del Señor Jesucristo y el amor de Dios,
y la comunión del Espíritu Santo permanezca contigo
ahora y siempre. ¡Amén!

Efesios 3:14-19*

Y ahora, que nuestro gran y eterno Padre te bendiga.
Que Él fortalezca tu ser interior
con poder del Espíritu Santo.
Que Cristo habite en tu corazón por medio de la fe.
Que estés arraigado y fundado en el amor
para que comprendas así con todos los santos
la anchura y la longitud y la altura y la profundidad
del amor de Cristo que sobrepasa todo conocimiento.
Que seas lleno de toda la plenitud de Dios
según las riquezas de Su gloria.
Y exaltes Su nombre glorioso por siempre y para siempre.
¡Amén!

Efesios 3:20-21*

Que Dios haga en ti abundantemente mucho
más allá de todo lo que pides o pienses,
de acuerdo con el poder que trabaja dentro de ti,
A Él sea la gloria
en tu vida en Cristo Jesús,
y a todo tu linaje por siempre y para siempre. ¡Amén!

Efesios 6:10-17*

Que seas una persona que es fuerte en el Señor
y en Su gran poder.
Que seas bendecido con toda la armadura de Dios
para que puedas resistir todas las estrategias del diablo.
Que te mantengas firme con el cinturón de la verdad
abrochado alrededor de tu cintura, y la coraza
de la justicia en su lugar, y en tus pies
el calzado equipado con la preparación del Evangelio de paz.
Que tú tomes el escudo de la fe, el casco de la salvación
y la espada del Espíritu, que es la Palabra de Dios,
para que cuando llegue el día malo puedas
resistir hasta el fin con firmeza. ¡Amén!

Efesios 1:17-19

Que el Dios de nuestro Señor Jesucristo, el Padre de gloria,
te de el Espíritu de sabiduría y de revelación
en el conocimiento de Él.
Y que los ojos de tu corazón sean iluminados

para que así sepas cuál es la esperanza a la que te ha llamado,
y sepas cuáles son las riquezas de Su gloriosa herencia entre los santos,
y cuán incomparable es la grandeza de su poder. ¡Amén!

1 Tesalonicenses 5:23-24 *

Que el Dios de la paz te santifique por completo.
Que tu espíritu, alma y cuerpo sean preservados
sin culpa para la venida de nuestro Señor Jesucristo.
Y que siempre confíes en Aquel que te llama
y que ha cumplido fielmente tu redención. ¡Amén!

Salmo 51:1-2

Que Dios tenga misericordia de ti conforme a Su gran amor,
Conforme a Su inmensa bondad.
Y que borre tus transgresiones.
Que nuestro poderoso Dios, te lave de toda
maldad y te limpie de todo pecado. ¡Amén!

Salmo 51:9-12

Que Dios oculte su rostro de tu pecado
y borre todas tus iniquidades.
Que Dios cree en ti un corazón limpio,
y renueve su espíritu desde adentro.
Que nunca seas desechado de la presencia de Dios.
Que Dios te dé la plenitud de Su Espíritu,
restaure el gozo de tu salvación
y te sostenga con espíritu obediente. ¡Amén!

Deuteronomio 13:3-4

Cuando el Señor tu Dios te pruebe para saber
si lo seguirás con todo tu corazón y alma.
Que sigas a Dios, que le temas, que guardes sus mandamientos,
obedezcas su voz.
Que le sirvas y permanezcas fiel a Él todos los días de tu vida. ¡Amén!

Deuteronomio 31:6

Que seas fuerte y valiente.
Que nunca temas ni te asustes de ningún hombre
porque Él va contigo.
Y que Dios nunca te deje ni te abandone. ¡Amén!

1 Timoteo 4:12-13

Que nadie te menosprecie por ser joven, al contrario,
que los creyentes vean en ti un ejemplo en la manera de hablar,
en conducta, y en amor, fe y pureza.
Que tu vida se marque con una devoción a la lectura de las Escrituras,
animando y enseñando a otros. ¡Amén!

Eclesiastés 3:1-8

Te bendigo sabiendo que todo tiene su tiempo designado por nuestro Padre
porque todo en tu vida es hermoso.
Te bendigo confiando en Su plan soberano, aun cuando no puedas verlo.
Te bendigo con alegría en los nacimientos, la paz que rodea la muerte,
consuelo en tiempos de llorar, amigos con quien reír,
sabiduría para saber cuándo acogernos, sabiduría para saber cuándo esparcirnos,

la audacia de hablar, la fuerza para guardar silencio, la resolución de luchar cuando sea necesario
y que tu corazón descanse en tiempos de paz. ¡Amén!

Salmo 91:9-16

Te bendigo con el Señor como tu refugio
y en quien encuentras protección.
Que ningún mal te suceda, que ninguna enfermedad te llegue.
Que los ángeles de Dios te cuiden en todos tus caminos.
Que pisotees a todos los enemigos que parecen tan fuertes como un león
o peligrosos como una serpiente porque Dios se aferra a ti en amor
y siempre te librará.
Te bendigo con la protección de Dios porque Él conoce tu nombre,
Él responde cuando llamas, te da vida larga, te satisface
y revela a ti Su salvación. ¡Amén!

Juan 17:14-17

Padre, he dado a estos niños tu palabra,
y si el mundo los odia porque no son del mundo,
No te pido que los quites del mundo,
sino que los alejes del maligno.
Santifícalos en la verdad; tu palabra es verdad. ¡Amén!

1 Timoteo 6:11-14

Te bendigo para que sigas la justicia, la piedad,
fe, amor, firmeza y humildad.
Te bendigo para que luches la buena batalla de la fe;

para que tomes la vida eterna a la que Dios te llamó
y que hagas buena confesión
en presencia de muchos testigos.
Te bendigo en la presencia de Dios, que da vida a todas las cosas,
y de Cristo Jesús, para guardar los mandamientos sin mancha
y libre de falta hasta la venida de nuestro Señor Jesucristo. ¡Amén!

Proverbios 3:5-8

Que seas bendecido para confiar en el Señor de todo tu corazón,
y no en tu propia inteligencia.
Que busques Su voluntad en todo lo que hagas.
Que el Señor haga rectos tus caminos.
Te bendigo para que no seas sabio en tus propios ojos
sino que temas al Señor y te alejes del mal,
trayendo salud a tu cuerpo y fortaleza a tus huesos. ¡Amén!

Proverbios 3:9-12

Que honres a Jehová con tus riquezas
y con los primeros frutos de lo que produces.
Que el Señor entonces llene tus graneros con abundancia
para que tus tinas estén llenos de vino.
Hijo mío, no desprecies la disciplina del Señor
ni te enojes cuando te corrige, más ve la reprensión del Señor
como garantía de su amor y deleite en ti. ¡Amén!

Filipenses 4:8-9

Te bendigo para pensar en estas cosas; todo lo que es verdadero,
todo lo que es honorable, todo lo que es justo, todo lo puro,
todo lo amable, todo lo digno de admiración,
todo lo que sea excelente, o sea digno de alabanza.
Y que puedas practicar estas cosas mientras yo trato de vivirlas ante ti
para que el Dios de paz esté contigo. ¡Amén!

Efesios 4:29-32

Yo bendigo tu lengua para que ningún lenguaje ofensivo salga de tu boca,
pero sólo que tus palabras edifiquen, como corresponde a la ocasión,
y sean de bendición a los que escuchan.
Y que nunca entristezcas al Espíritu Santo de Dios,
por quien fuiste sellado para el día de la redención.
Te bendigo con un corazón que aparta toda amargura y furia,
ira y gritos, calumnias, y toda forma de malicia.
Que seas amable con todos, tierno, perdonando a otros,
así como Dios te perdona a ti. ¡Amén!

Colosenses 1:9-11

Te bendigo para que te llenes del conocimiento de la voluntad de Dios
en toda sabiduría y comprensión espiritual,
para que andes de manera que honra al Señor.
Que tu vida agrade a Dios, dando fruto en toda buena obra
y crezcas en el conocimiento de Dios.
Que Dios te fortalezca con todo el glorioso poder,
para que tengas toda la constancia y la paciencia,
con alegría.

Colosenses 1:12-13

Doy gracias al Padre, que te ha capacitado
para participar de la herencia de los santos en la luz.
Agradezco a Dios que Él te rescatará del
dominio de la oscuridad y te llevará
al reino de su amado Hijo,
en quien puedes recibir redención y
el perdón de los pecados. ¡Amén!

1 Tesalonicenses 3:11-13

Que el Dios y Padre mismo,
Y nuestro Señor Jesús, dirija tu camino.
Y que el Señor te haga crecer
abundantemente en el amor para todos,
para que pueda fortalecer tu corazón
sin culpa en santidad. ¡Amén!

Éxodo 33:13

Te bendigo con gracia ante los ojos de Dios
así que te muestre Sus caminos,
para que lo conozcas. ¡Amén!

Salmo 91:14-16

Te bendigo con la capacidad de aferrarte a Dios en amor
para que Él te rescate.
Que Dios te proteja, porque Él conoce tu nombre.

Cuando le llames, Él te contestará
y cuando estés en problemas, Él estará contigo y te rescatará.
Que Dios te bendiga con larga vida,
que te satisfaga y te muestre Su salvación. ¡Amén!

Jonás 2:2

Te bendigo cuando clames en tu angustia,
Dios te responderá.
Y cuando le llames,
Él escuchará tu voz. ¡Amén!

Josué 1:5-6

Yo te bendigo para que ningún hombre pueda enfrentarse a ti
todos los días de tu vida.
Que Dios esté contigo como estuvo con Moisés
y que él nunca te deje o te abandone.
Te bendigo para que seas fuerte y valiente;
para que heredes todo lo que Dios tiene para ti. ¡Amén!

Josué 1:7-8

Que seas fuerte y muy valiente, teniendo cuidado
de obedecer según todo lo que Dios te pide
y no te desvíes de ella ni a la derecha ni a la izquierda,
Que puedas tener buen éxito donde quiera que vayas.
Que su palabra nunca se aparte de tu boca,
pero que medites en ella día y noche,
para que tengas cuidado de hacer todo lo que está escrito.

Porque entonces hará que tu camino sea próspero,
y entonces tendrás buen éxito. ¡Amén!

Génesis 48:20 (para niños varones)

Que Dios te haga como Efraín y Manasés. ¡Amén!

Proverbios 31:25-26, 29 (para niñas)

Que la fuerza y la dignidad sean tu ropa mientras te ríes
en los días por venir.
Que abras tu boca con sabiduría ya que la enseñanza de
la bondad está en tu lengua.
Cuando las niñas a tu alrededor hagan lo bueno, te bendigo para que tú superes a todas. ¡Amén!

*Estas bendiciones son copiadas o adaptadas de *A Father's Guide to Blessing His Children* por David Michael.

1.877.400.1414
info@childrendesiringGod.org
www.childrendesiringGod.org

Diccionario Familiar

Acción de Gracias – agradecer a Dios por lo que ha hecho

Adopción – cuando Dios elige traer a su familia aquellos que aman y confían en Jesús y les da Su Espíritu

Alabanza – decir a Dios lo bueno que es

Alegría – el placer que viene en conocer a Dios, sin importar la situación en la que uno se encuentra

Alma – la parte de una persona que vive para siempre

Altar – una plataforma utilizada para ofrecer un sacrificio

Ángel – un espíritu creado para servir los propósitos de Dios

Arrepentimiento – alejarse de tus propios caminos y seguir los caminos de Dios.

Autoridad – el derecho de estar a cargo

Ayunar – no comer alimentos o comer sólo ciertos alimentos por un tiempo limitado

Bautizar – sumergir (cubrir) en agua (una manera de identificarse con la muerte, sepultura y la resurrección de Jesús)

Cielo – el lugar donde Dios vive

Compasión – ver, cuidar y actuar cuando otros están necesitados

Confesar – decir la verdad acerca de su propio pecado sin que se le pida

Confianza – mostrar fe actuando sobre lo que uno cree

Corazón – donde vive la creencia

Delicia – cuando nuestro corazón es feliz porque Dios está en el lugar más alto

Demonio – un ángel que eligió seguir a Satanás en lugar de servir a Dios

Diablo – otro nombre para Satanás

Disciplina – Dios amorosamente entrena a sus hijos a ser más como Jesús

Discípulo – una persona que hace las cosas que su maestro enseña sin importar el costo

Eternidad – sin principio o sin fin

Exilio – ser enviados lejos de un lugar determinado

Fe – plena confianza en lo que Dios dice a causa de quién él es

Generoso – dar alegremente y abundantemente a los demás

Glorificar – mostrar, honrar y disfrutar la grandeza de Dios

Gracia – cuando Dios da y hace el bien a sus hijos en lugar de dar lo que merecen

Gratitud – ser agradecidos a Dios, no importa lo que él da

Hebreo – un nombre para alguien de la nación de Israel

Hijos de Dios – los que aman y confían en Jesús

Humildad – feliz de estar en el lugar más bajo de importancia

Infierno – un lugar de fuego eterno y separación de Dios creado para los demonios

Judío – refiriéndose a alguien de la nación de Israel

Justicia – imparcialidad en dar recompensa, disciplina o castigo

Justificación – ser libre de culpa o pecado

Justo – tener un corazón limpio en todo lo que haces

Obediencia – haciendo lo que se le dice de inmediato con una gran actitud

Oración – conversación con Dios. Oramos al Padre Celestial debido a Jesús con la ayuda del Espíritu Santo

Orgullo – mostrando honor a sí mismo y disfrutándose como el mayor

Paciencia – esperar sin quejarse, incluso cuando las cosas se ponen difíciles

Pecado – todo lo que viene del corazón que no trae gloria a Dios

Reconciliar – traer paz y quitar la separación entre Dios y la gente

Redención – ser devuelto de la esclavitud

Sabiduría – saber lo que Dios piensa acerca de algo y saber cómo actuar

Sacrificio – un animal impecable, matado sobre un altar para adorar a Dios

Santo – ser apartado (Dios es santo, o perfecto y separado del pecado)

Satanás – el ángel principal que se rebeló contra Dios, que ahora engaña y acusa a los hijos de Dios

Seguridad – esperanza segura y firme; creer y confiar en Dios

Soberano – tener el derecho, el poder y la autoridad para estar a cargo

Tentación – cuando el pecado parece bueno a pesar de que es malo

Cantos para la Familia (Busque cualquiera de estos en YouTube. El intérprete sugerido está entre paréntesis)

"Here Is Love" por William Rees (Bethel Church)
"Amazing Grace" por John Newton (Wintley Phipps)
"The Solid Rock" por Edward Mote (Austin Stone)
"I Stand Amazed" por Charles Gabriel (Chris Tomlin)
"Jesus Paid It All" por Elvina Hall (David Crowder)
"In Christ Alone" por Townend & Getty (Lauren Daigle)
"10,000 Reasons" por Matt Redman and Jonas Myrin
"How Deep the Father's Love for Us" por Stuart Townend (Fernando Ortega)
"Go Tell It on the Mountain" por John W. Work Jr. (MercyMe)
"Doxology" por Thomas Ken (David Crowder Band)
"Joyful, Joyful, We Adore Thee" por Henry Van Dyke (Casting Crowns)
"How Great Thou Art" por Stuart Hine (Carrie Underwood)

Resumen de los libros del Antiguo Testamento

Pentateuco – Los primeros cinco libros

- **Génesis** – creación, la caída, el diluvio, la extensión de las naciones, el comienzo de la nación Hebrea y la esclavitud del pueblo de Dios
- **Éxodo** – Dios libera a Israel de la esclavitud; el nacimiento de Israel como nación, el pacto de Dios con Israel, la entrega de la Torá y las instrucciones para construir el tabernáculo
- **Levítico** – instrucciones sobre el sistema de sacrificios y del sacerdocio, e instrucciones sobre la pureza moral
- **Números** – el viaje a la tierra prometida; Israel construye el becerro de oro estando en el Monte Sinaí; Dios disciplina a la nación con 40 años vagando por el desierto
- **Deuteronomio** – comentario de Dios sobre el pacto

Libros históricos – 12 libros

- **Josué** – la conquista y la asignación de la tierra prometida de Canaán
- **Jueces** – los primeros 300 años en la tierra prometida y el tiempo de los jueces; Israel no logra sacar a la gente de Canaán, y todos hacen lo que es correcto ante sus propios ojos

- **Rut** – la historia de la familia Mesiánica de David; Booz, un pariente redentor, redime a una moabita llamada Rut

Los siguientes 6 libros trazan el tiempo de Samuel al cautiverio

- **1 Samuel** – Israel cambia de jueces a tener un rey; el profeta Samuel unge a Saúl como Rey, Saúl desobedece, Dios rechaza a Saúl, y Samuel unge a David
- **2 Samuel** – El reino de David como rey; David comete adulterio y asesinato; el ascenso de su hijo Salomón
- **1 Reyes** – División del reino; Salomón y la nación de Israel se vuelven poderosos y famosos; la idolatría de Salomón causa que el reino se divida (10 tribus al norte y 2 al sur)
- **2 Reyes** – Historia del reino dividido; los 19 reyes de Israel fueron malos; en Judá, 8 de los 20 gobernantes fueron buenos y los demás fueron idólatras; Dios exilia ambos reinos de la tierra; los asirios conquistan el norte, y Babilonia conquista el sur
- **1 Crónicas** – Se enfoca en las genealogías del Reino del Sur y relata gran parte de los libros de Samuel y los Reyes
- **2 Crónicas** – Historia del Reino del Sur de Judá; relata la vida de Salomón, la construcción del templo y la historia de Judá

Los siguientes tres libros abarcan la restauración de Israel.

- **Esdras** – registra el regreso de los judíos del exilio babilónico en dos grupos separados y la reconstrucción del templo; Zorobabel condujo al primer grupo y Esdras condujo el segundo grupo
- **Nehemías** – continuación de la historia del regreso de los judíos a Jerusalén; Nehemías reconstruye los muro de Jerusalén; Esdras lee la Torá (la Ley) y hay un gran avivamiento

- **Ester** – mientras en el exilio, Dios entrega a su pueblo; La reina Ester, una hebrea casada con un rey persa, escucha sabios consejos y arriesga su vida, resultando en los judíos escapando de extinción

Poético – cinco libros

- **Job** – Dios en su soberanía prueba a un hombre justo al permitirle ser atacado directamente por Satanás; La misericordia de Dios se encuentra en la profunda relación de Job con Dios
- **Salmos** – escrito mayormente por el rey David, es una colección de oraciones, cantos y meditaciones
- **Proverbios** – escrito mayormente por el rey Salomón, es una colección de poemas y dichos sabios, útiles en la vida cotidiana
- **Eclesiastés** – un resumen del rey Salomón de la búsqueda del sentido de la vida; él concluye de que todo es vanidad y aconseja a todos a gozar de los dones de Dios y temerle y obedecerle
- **Cantares** – un canto poético entre Salomón y su novia como imagen del amor entre Dios y su pueblo

Profético – 17 libros (profetas mayores y profetas menores)

Profetas Mayores – cinco libros

- **Isaías** – (al Reino del Sur) proclama el juicio venidero de Dios sobre el Reino del Sur por Babilonia y da una visión profética al Mesías venidero

- **Jeremías** –(al Reino del Sur) súplica final para el arrepentimiento de Judá antes de un juicio eventual; profetiza el plan de Dios para un nuevo pacto y el rey que viene
- **Lamentaciones** – cinco poemas de lamento doloroso sobre la desolación de Jerusalén; describe la derrota y caída de Jerusalén
- **Ezequiel** – durante el exilio babilónico, Ezequiel pronuncia juicio sobre Israel y las naciones vecinas; Ezequiel proporciona una visión del futuro reino milenio y narra la restauración de un remanente de Israel
- **Daniel** – relato histórico de cómo Dios protegió a Israel durante el exilio; muchas visiones muestran el poder soberano de Dios sobre todos los reinos de la tierra

Profetas Menores – 12 libros

- **Oseas** – (Reino del Norte) el matrimonio de Oseas con una esposa infiel es un imagen de la infidelidad de Israel hacia Dios y su amor inquebrantable
- **Joel** – (Reino del Sur pre-exilio) un relato aterrador del juicio futuro de Judá si no se arrepiente; da la esperanza del reino venidero
- **Amós** – (Reino del Norte) advirtió a Israel de su juicio venidero debido su opresión de los pobres y su falta de justicia
- **Abdías** – (Edom) proclama la destrucción de Edom, una nación gentil vecina, por tomarse el placer en el juicio de Dios de Jerusalén
- **Jonás** – (Nínive) proclama un juicio venidero sobre Nínive si no se arrepienten; Nínive escucha y se salva, al disgusto de Jonás
- **Miqueas** – (Reinos del Norte y del Sur) proclama la destrucción de Israel y Judá por su idolatría y falta de justicia; promete la restauración y profetiza que el Mesías nacerá en Belén

- **Nahúm –** (Nínive) profetiza la destrucción de Nínive; Nínive se arrepintió después de la predicación de Jonás, pero su regreso a la iniquidad trajo el juicio de Dios
- **Habacuc –** (Reino del Sur) cuestiona a Dios por no reclamar la iniquidad de Judá; cuestiona a Dios por usar a los babilonios para juzgar a Judá; sin respuesta, Habacuc descansa en la salvación de Dios
- **Sofonías –** (Reino del Sur) anuncia el día del Señor contra Judá y las naciones; Dios eventualmente bendecirá a las naciones y un remanente de Judá será restaurado
- **Hageo –** después de regresar del exilio, Hageo dice que Dios está reteniendo la prosperidad porque están construyendo sus propias casas primero; la gente escucha y Dios responde con estímulo y bendición
- **Zacarías –** anima a los judíos a terminar el templo; contiene muchas profecías mesiánicas; habla de los gentiles que adoran a Dios
- **Malaquías –** después de regresar del exilio, Malaquías entrega un mensaje final de juicio venidero a un pueblo desobediente y habla de un precursor del Mesías

Pasajes de las Escrituras para Memorizar

Juan 1:1-14

1 En el principio ya existía el Verbo, y el Verbo estaba con Dios, y el Verbo
era Dios. 2 Él estaba con Dios en el principio. 3 Por medio de él todas las
cosas fueron creadas; sin él, nada de lo creado llegó a existir. 4 En él estaba
la vida, y la vida era la luz de la humanidad. 5 Esta luz resplandece en las
tinieblas, y las tinieblas no han podido extinguirla.[a]

6 Vino un hombre llamado Juan. Dios lo envió 7 como testigo para dar testimonio de la luz, a fin de que por medio de él todos creyeran. 8 Juan no
era la luz, sino que vino para dar testimonio de la luz. 9 Esa luz verdadera,
la que alumbra a todo ser humano, venía a este mundo.[b]

10 El que era la luz ya estaba en el mundo, y el mundo fue creado por medio
de él, pero el mundo no lo reconoció. 11 Vino a lo que era suyo, pero los
suyos no lo recibieron. 12 Mas a cuantos lo recibieron, a los que creen en su
nombre, les dio el derecho de ser hijos de Dios. 13 Estos no nacen de la sangre,
ni por deseos naturales, ni por voluntad humana, sino que nacen de Dios.

14 Y el Verbo se hizo hombre y habitó[c] entre nosotros. Y hemos contemplado su gloria, la gloria que corresponde al Hijo unigénito del Padre, lleno de gracia y de verdad.

Salmo 23

1 El Señor es mi pastor, nada me falta;
2 en verdes pastos me hace descansar.
Junto a tranquilas aguas me conduce;
3 me infunde nuevas fuerzas.
Me guía por sendas de justicia
por amor a su nombre.
4 Aun si voy por valles tenebrosos,
no temo peligro alguno
porque tú estás a mi lado;
tu vara de pastor me reconforta.
5 Dispones ante mí un banquete
en presencia de mis enemigos.
Has ungido con perfume mi cabeza;
has llenado mi copa a rebosar.
6 La bondad y el amor me seguirán
todos los días de mi vida;
y en la casa del Señor
habitaré para siempre.

Salmo 150

1 ¡Aleluya! ¡Alabado sea el Señor!
Alaben a Dios en su santuario,
alábenlo en su poderoso firmamento.
2 Alábenlo por sus proezas,
alábenlo por su inmensa grandeza.
3 Alábenlo con sonido de trompeta,
alábenlo con el arpa y la lira.

4 Alábenlo con panderos y danzas,
alábenlo con cuerdas y flautas.
5 Alábenlo con címbalos sonoros,
alábenlo con címbalos resonantes.
6 ¡Que todo lo que respira alabe al Señor!
¡Aleluya! ¡Alabado sea el Señor!

Proverbios 3:1-12

1 Hijo mío, no te olvides de mis enseñanzas;
más bien, guarda en tu corazón mis mandamientos.
2 Porque prolongarán tu vida muchos años
y te traerán prosperidad.
3 Que nunca te abandonen el amor y la verdad:
llévalos siempre alrededor de tu cuello
y escríbelos en el libro de tu corazón.
4 Contarás con el favor de Dios
y tendrás buena fama[a] entre la gente.
5 Confía en el Señor de todo corazón,
y no en tu propia inteligencia.
6 Reconócelo en todos tus caminos,
y él allanará tus sendas.
7 No seas sabio en tu propia opinión;
más bien, teme al Señor y huye del mal.
8 Esto infundirá salud a tu cuerpo
y fortalecerá tu ser.[b]
9 Honra al Señor con tus riquezas
y con los primeros frutos de tus cosechas.
10 Así tus graneros se llenarán a reventar
y tus bodegas rebosarán de vino nuevo.

11 Hijo mío, no desprecies la disciplina del Señor,
ni te ofendas por sus reprensiones.
12 Porque el Señor disciplina a los que ama,
como corrige un padre a su hijo querido.

Salmo 27:1-6

1 El Señor es mi luz y mi salvación;
¿a quién temeré?
El Señor es el baluarte de mi vida;
¿quién podrá amedrentarme?
2 Cuando los malvados avanzan contra mí
para devorar mis carnes,
cuando mis enemigos y adversarios me atacan,
son ellos los que tropiezan y caen.
3 Aun cuando un ejército me asedie,
no temerá mi corazón;
aun cuando una guerra estalle contra mí,
yo mantendré la confianza.
4 Una sola cosa le pido al Señor,
y es lo único que persigo:
habitar en la casa del Señor
todos los días de mi vida,
para contemplar la hermosura del Señor
y recrearme en su templo.
5 Porque en el día de la aflicción
él me resguardará en su morada;
al amparo de su tabernáculo me protegerá,
y me pondrá en alto, sobre una roca.
6 Me hará prevalecer

frente a los enemigos que me rodean;
en su templo ofreceré sacrificios de alabanza
y cantaré salmos al Señor.

Colosenses 1:15-20

15 Él es la imagen del Dios invisible, el primogénito[a] de toda creación,
16 porque por medio de él fueron creadas todas las cosas en el cielo y en la
tierra, visibles e invisibles, sean tronos, poderes, principados o autoridades:
todo ha sido creado por medio de él y para él. 17 Él es anterior a todas las
cosas, que por medio de él forman un todo coherente.[b] 18 Él es la cabeza
del cuerpo, que es la iglesia. Él es el principio, el primogénito de la resurrección, para ser en todo el primero. 19 Porque a Dios le agradó habitar
en él con toda su plenitud 20 y, por medio de él, reconciliar consigo todas
las cosas, tanto las que están en la tierra como las que están en el cielo,
haciendo la paz mediante la sangre que derramó en la cruz.

Romanos 12:9-18

9 El amor debe ser sincero. Aborrezcan el mal; aférrense al bien. 10 Ámense
los unos a los otros con amor fraternal, respetándose y honrándose mutua-
mente. 11 Nunca dejen de ser diligentes; antes bien, sirvan al Señor con el
fervor que da el Espíritu. 12 Alégrense en la esperanza, muestren paciencia
en el sufrimiento, perseveren en la oración. 13 Ayuden a los hermanos necesitados. Practiquen la hospitalidad.

14 Bendigan a quienes los persigan; bendigan y no maldigan. 15 Alégrense
con los que están alegres; lloren con los que lloran. 16 Vivan en armonía los
unos con los otros. No sean arrogantes, sino háganse solidarios con los

humildes.[a] No se crean los únicos que saben. [17] No paguen a nadie mal
por mal. Procuren hacer lo bueno delante de todos. [18] Si es posible, y en
cuanto dependa de ustedes, vivan en paz con todos.

Isaías 53:1-6

[1] ¿Quién ha creído a nuestro mensaje
y a quién se le ha revelado el poder del SEÑOR?
[2] Creció en su presencia como vástago tierno,
como raíz de tierra seca.
No había en él belleza ni majestad alguna;
su aspecto no era atractivo y nada en su apariencia lo hacía deseable.
[3] Despreciado y rechazado por los hombres,
varón de dolores, hecho para el sufrimiento.
Todos evitaban mirarlo;
fue despreciado, y no lo estimamos.
[4] Ciertamente él cargó con nuestras enfermedades
y soportó nuestros dolores,
pero nosotros lo consideramos herido,
golpeado por Dios, y humillado.
[5] Él fue traspasado por nuestras rebeliones,
y molido por nuestras iniquidades;
sobre él recayó el castigo, precio de nuestra paz,
y gracias a sus heridas fuimos sanados.
[6] Todos andábamos perdidos, como ovejas;
cada uno seguía su propio camino,
pero el SEÑOR hizo recaer sobre él
la iniquidad de todos nosotros.

Gálatas 5:22-23

22 En cambio, el fruto del Espíritu es amor, alegría, paz, paciencia, amabilidad, bondad, fidelidad, 23 humildad y dominio propio. No hay ley que condene estas cosas.

Romanos 8:28-39

28 Ahora bien, sabemos que Dios dispone todas las cosas para el bien de quienes lo aman,[a] los que han sido llamados de acuerdo con su propósito. 29 Porque a los que Dios conoció de antemano, también los predestinó a ser transformados según la imagen de su Hijo, para que él sea el primogénito entre muchos hermanos. 30 A los que predestinó, también los llamó; a los que llamó, también los justificó; y a los que justificó, también los glorificó.

31 ¿Qué diremos frente a esto? Si Dios está de nuestra parte, ¿quién puede estar en contra nuestra? 32 El que no escatimó ni a su propio Hijo, sino que lo entregó por todos nosotros, ¿cómo no habrá de darnos generosamente, junto con él, todas las cosas? 33 ¿Quién acusará a los que Dios ha escogido? Dios es el que justifica. 34 ¿Quién condenará? Cristo Jesús es el que murió, e incluso resucitó, y está a la derecha de Dios e intercede por nosotros. 35 ¿Quién nos apartará del amor de Cristo? ¿La tribulación, o la angustia, la persecución, el hambre, la indigencia, el peligro, o la violencia? 36 Así está escrito:

> «Por tu causa siempre nos llevan a la muerte;
> ¡nos tratan como a ovejas para el matadero!»[b]

37 Sin embargo, en todo esto somos más que vencedores por medio de aquel que nos amó. 38 Pues estoy convencido de que ni la muerte ni la vida, ni los ángeles ni los demonios,[c] ni lo presente ni lo por venir, ni los poderes, 39 ni lo alto ni lo profundo, ni cosa alguna en toda la creación podrá apartarnos del amor que Dios nos ha manifestado en Cristo Jesús nuestro Señor.

En Conclusión

Mensaje Final a los Padres

Para ser un padre de crianza temporal y permanecer licenciado por el estado, usted debe asistir a varios tipos de entrenamiento. Estos entrenamientos abarcan desde el manejo del comportamiento hasta el aprendizaje de los medicamentos psicotrópicos. Durante el transcurso de nuestro tiempo como padres adoptivos, mi esposa y yo asistimos a un entrenamiento de nueve semanas llamado Empowered to Connect. Aunque estaba dirigido a padres que tienen hijos que vienen "de lugares difíciles," lo encontramos aplicable a cualquier padre. Antes de la primera semana de la clase, se nos pidió que escribiéramos nuestro objetivo en cuanto la crianza de los hijos. En la primera clase, uno de los padres compartió su objetivo parental de que su hijo tuviera la capacidad de recuperarse de la adversidad por si mismo.

Ser capaz de recuperarse de la adversidad es algo bueno, pero las personas en el grupo eran creyentes que habían adoptado o estaban en proceso de adoptar. Nos preguntamos cómo podría en esta clase haber metas de crianza que estaban vacías de Dios y sus deseos para los padres. Pero por la gracia de Dios, la clase ayudó a cada padre, incluso nosotros, a profundizar nuestro entendimiento de los deseos de Dios en la crianza de los hijos y cómo llegar allí. Creo que encontramos la imagen más pura de lo que Dios desea en la historia de Sansón. En Jueces 13, un ángel llega a una mujer que era estéril y le dice que tendrá un hijo que tiene un propósito de Dios. Ella le dice a su esposo, y él hace lo que todos nosotros haríamos – le pide a Dios que le envíe el ángel a él para que él sepa qué hacer.

Entonces Manoa oró al Señor y le dijo, "Oh Señor, te ruego que permitas que vuelva el hombre de Dios que nos enviaste para que nos enseñe cómo criar al niño que va a nacer." Dios escuchó la voz de Manoa, y el ángel de Dios volvió a aparecerse a la mujer mientras ésta se hallaba en el campo; pero Manoa, su marido, no estaba con ella. La mujer corrió de inmediato a avisarle a su marido: "¡Está aquí! ¡El hombre que se me apareció el otro día!" Manoa se levantó y siguió a su esposa. Cuando llegó adonde estaba el hombre, le dijo: "¿Eres tú el que habló con mi esposa?" Y el ángel respondió, "Sí, soy yo." Así que Manoa le preguntó, "Cuando se cumplan tus palabras, ¿cómo debemos criar al niño? ¿Cómo deberá portarse?" El ángel del Señor contestó, "Tu esposa debe cumplir con todo lo que le he dicho. Ella no debe probar nada que viene de la vid, ni beber ningún vino ni ninguna otra bebida fuerte; tampoco no debe comer nada impuro. Definitivamente, debe cumplir con todo lo que le he ordenado" (Jueces 13: 8-14).

Lo que encontramos aquí es que el ángel de Dios no presenta a la mujer un plan que paso a paso indica qué hacer desde el nacimiento de un niño, sino más bien presenta el llamado a observar todo lo que le mandó Dios que observara. Por lo cual, él le dice a los padres que sean fieles a los mandamientos del Señor. Con demasiada frecuencia como padres, olvidamos que nuestra fidelidad a Dios es vital para nuestro papel como padres. Si recuerdan la historia de Sansón, él no fue realmente un imagen de obediencia. De hecho, él fue más un imagen de orgullo que resultó en su temprana muerte. ¿Creen ustedes que los padres de Sansón fracasaron como padres? Para ser honesto, como nosotros, Sansón hizo sus propias malas decisiones a pesar de lo que le enseñaron. Lo interesante es que la próxima vez que oímos de Sansón es en Hebreos 11, como uno de los fieles en el supuesto salón de fama para los fieles. ¿Como puede ser esto? Porque al final, Sansón cumplió con los propósitos de

Dios. Él fue uno de los jueces de Israel durante 20 años y acabó siendo humilde ante el Señor.

¿Creen ustedes que los padres de Sansón estaban finalmente orgullosos de que Dios consideraba a Sansón fiel a pesar de su serie de malas decisiones? Estoy seguro que lo fueron. Incluso un padre perfecto tiene hijos que hacen malas decisiones a pesar de lo que se enseña y cómo se enseña (ver: Génesis. 3). Pero los padres deben tener en cuenta que los propósitos de Dios son a veces desconocidos, por lo cual, no podemos dejar que los resultados visibles conduzcan la medida de nuestro éxito en la crianza de los hijos. Lo que tenemos que hacer es concentrarnos en ser fieles a Dios en cada papel que tenemos – padre, madre, esposo, esposa, voluntario, consejero vocacional, o siervo. En otras palabras, para ser un buen padre debemos esforzarnos por ser mejores siervos de Cristo.

Uno de nuestros problemas es que muchos de nosotros tenemos heridas que no han sido sanadas y estamos llevando esas heridas en nuestro lente de crianza. No vemos a Dios correctamente y tampoco entendemos cómo él nos ve. Esta pobre teología que tenemos sobre Dios y de sus redimidos entra en nuestra interacción diaria con nuestros hijos y a veces nos sentimos desesperados. La verdad es que Dios conoce nuestros corazones, los corazones de nuestros hijos y sus propósitos, así que debemos mantener la esperanza de que él lo tiene todo bajo control. De acuerdo a Hechos 17, Dios divinamente eligió emparejarnos no sólo con nuestros hijos, sino también con los padres que quizás fueron una parte activa de nuestras propias heridas.

¿Así pues, qué hacemos? ¿Debemos solamente contar con Dios para que él resuelva todo? ¡Absolutamente no! En cambio debemos luchar activamente en contra de nuestra naturaleza humana, buscar sanidad para nuestras heridas y esforzarnos para encomendar a nuestros hijos al Padre perfecto. Hacemos esto siendo intencionales en tantas áreas como podamos. Ser intencional es un arte perdido en la crianza de los hijos. Es fácil olvidar que los niños están aprendiendo todo el tiempo, no sólo durante los tiempos de enseñanza diseñada. Pero ser intencional no es sólo lo que debemos hacer. Debemos explicar por qué estamos haciendo las cosas que hacemos. Por ejemplo, poniendo a un niño en tiempo-de espera (time-out) porque él o ella desobedeció podría ser visto como castigo para el niño. Es completamente diferente cuando se le explica al niño que los mandamos a tiempo-de espera porque los amamos. Los niños deben saber que Dios no castiga a sus hijos, sino que da disciplina para entrenar a sus hijos. El tiempo-de espera no es destinado para castigar sino para disciplinar. La desobediencia de los niños revela que ellos creen la mentira de que su camino es mejor que el de Dios (Romanos 1). Usted desea estar con ellos, pero el pecado nos separa de Dios, y el tiempo-de espera es un imagen de esa separación. Dios envió a su hijo para poner fin a esa separación para aquellos que se arrepienten y creen. Si los niños se arrepienten de su desobediencia, su tiempo-de espera se termina y nosotros pedimos perdón a Dios juntos.

Este tipo de intencionalidad puede ser cansado, pero después de todo, ¿qué nuestra fidelidad no nos obliga a hablar de los caminos de Dios desde la mañana hasta la noche (Deuteronomio 6: 4-7)? Claro que sí, nosotros deseamos que hubiera un guía que nos ayudara paso a paso en cada situación que enfrentamos. Pero en fin, todos nosotros llegamos a un lugar donde no tenemos ni idea de cómo ser fieles en ciertas situaciones. Siempre debemos recordar que ser fieles no se mide en un instante, sino a través del tiempo. Estamos siendo transformados en la imagen de Su Hijo cada vez más. Cuanto más seamos como Jesús, más somos al imagen del Padre Celestial. Cuanto más seamos al imagen del Padre Celestial, más fieles somos como padres. ¡Oh, imagínense, ser como Él!

Dios es lento para la ira y abundante en amor firme. Nuestro Padre Celestial nunca nos disciplina con un ceño fruncido en su rostro, y tampoco debemos fruncir el ceño a nuestros hijos. Sí debemos catequizar a nuestros hijos y tener devocionales diarios, pero más que nada, nuestra crianza diaria será la que enseñará lo que realmente creemos acerca de Dios. Deseemos ser fieles y dejar los resultados a Él, reconociendo que incluso nuestros mejores momentos de crianza no serán lo suficiente para salvar las almas de nuestros hijos. Su salvación no es por nuestras obras, sino sólo por la gracia de Dios.

¡Que la gracia de Dios abunde en nuestros hogares!

Recursos Adicionales para su Hogar

Hay muchos grandes recursos que podríamos recomendar, pero sentimos que los siguientes le darán un buen lugar para empezar.

Para los Padres:

Family Shepherds: Calling and Equipping Men to Lead Their Homes – Voddie Baucham Jr.
Dirigido exclusivamente al padre, este libro se explica bien en el título.

Family Driven Faith: Doing What It Takes to Raise Sons and Daughters Who Walk with God – Voddie Baucham Jr.
Una lectura desafiante que llama a los padres a ser partícipes en criar a sus hijos como Dios lo encomienda. Hacia el final, el libro recomienda una cierta integración de la familia y de la iglesia. La gran mayoría del libro es muy perspicaz.

Shepherding A Child's Heart – Tedd Tripp
Este libro regresa al Evangelio y a la verdadera naturaleza de los corazones de los niños y cómo Dios gentilmente proporciona una solución en las escrituras.

The Momentary Marriage: A Parable of Permanence – John Piper
Este es un libro fabuloso que arraiga correctamente el matrimonio dentro del contexto de los planes y propósitos de Dios. Es un libro que cualquier padre que quiera mostrar el Evangelio diariamente a sus hijos debe leer.

Treasuring God in Our Traditions – Noël Piper
Da a los padres un recordatorio necesario de que lo que transmitimos a nuestros hijos es muy importante.

The Connected Child: Bring Hope and Healing to Your Adoptive Family – Karyn B. Purvis, Ph.D., David R. Cross, Ph.D., and Wendy Lyons Sunshine
Escrito para padres adoptivos, este libro es de gran importancia para cualquier padre que tiene el objetivo de llegar al corazón del niño.

Para la Familia

Biblias

The Jesus Story Book Bible: Every Story Whispers His Name – Sally Lloyd-Jones
Este libro abre el camino a través de la Biblia mostrando cómo todo apunta a Jesús. Ideal para la edad preescolar y primaria.

The Gospel Story Bible: Discovering Jesus in the Old and New Testaments – Marty Machowski
Una amplia gama de historias tanto del Antiguo como del Nuevo Testamento. Proporciona preguntas después de cada historia para fomentar la enseñanza. Bueno para los niños de edad escolar, especialmente aquellos que leen por su propia cuenta.

Long Story Short: Ten-Minute Devotions to Draw Your Family to God – Marty Machowski
Devocionales fáciles de 10 minutos que cualquier padre puede hacer.

Libros

The Big Book of Questions & Answers about Jesus – Ferguson Sinclair
Un gran recurso para cualquier familia cuando se trata de contestar preguntas y tener devocionales.

Big Truths for Young Hearts: Teaching and Learning the Greatness of God – Bruce A. Ware
Sistemáticamente les da a los padres capítulos que lean y les ayuda a enseñar teología a sus hijos.

Halfway Herbert – Francis Chan
Un gran librito para niños pequeños que introduce a los niños en el hecho de que necesitan a Jesús y al Espíritu Santo para darles un corazón entero.

The Big Red Tractor and the Little Village – Francis Chan
Este libro para niños enseña magistralmente a los niños el poder del Espíritu Santo disponible a nosotros.

Ronnie Wilson's Gift – Francis Chan
Una historia conmovedora para niños que muestra lo que es servir a Cristo mientras estamos aquí en la tierra.

Jesus is Coming Back! – Debby Anderson
Un libro divertido para niños pequeños que les enseña que Jesús pronto volverá.

Little Pilgrim's Progress: From John Bunyan's Classic – Helen L. Taylor
Una gran lectura para lectores jóvenes, pero aún mejor si es leído por un padre. Lea un capítulo o dos por la noche después de la cena o úselo como un devocional haciendo preguntas después de cada capítulo.

God Knows My Name – Debby Anderson
Otro libro divertido para los niños pequeños que les enseña acerca de Dios.

A Forever Home for Antonio: A Gospel Adoption Journey – Chris Chavez
Un libro para niños centrado en el evangelio sobre adopción. Una gran historia para ayudar a los padres a construir un marco para explicar la adopción.

The Gospel Advent Book – Chris Chavez
Un devocional familiar de 25 días escrito para ayudar a los padres a enseñar acerca de la venida del Mesías.

Golly's Folly: The Prince Who Wanted It All – Eleazar Ruiz y Rebekah Ruiz
www.gollysfolly.com

Un libro increíblemente ilustrado basado en el libro de Eclesiastés. También hay un cuaderno de ejercicios disponible.

Música

Seeds Family Worship
– www.seedsfamilyworship.com
– Cantos divertidos y basados en las Escrituras que pueden ayudar a su familia a cantar y adorar juntos.
– Se puede encontrar en iTunes también

Jesus Came To Save Sinners
– Descarga gratis en www.thevillagechurch.net/resources/music/
– Divertido y enseña teología del Evangelio y el carácter de Dios
– Se puede encontrar en iTunes también

Bethel Music Kids
– www.bethelmusic.com/albums/come-alive/
– Música divertida y atractiva en versión de niños
– Se puede encontrar en iTunes también

Crazy Praise CDs
– Se puede encontrar en iTunes

Agradecimientos

Luke Damoff – Tu resistencia teológica y tu estímulo me ayudaron a producir un recurso mucho más amoroso para los padres. Tus pensamientos me desafiaron y realmente me ayudaron a entender mi propio matrimonio de una manera más profunda. No tuvimos que estar de acuerdo en todo, pero tuvimos que ser honestos en nuestros pensamientos y lo hiciste con gracia. Gracias por tu obediencia a lo que dice la Biblia y no a lo que yo quería que dijera.

John Blase – Tengo la inmensa bendición de que el Señor trajo a un editor de tu calibre a mi puerta. Tú fuiste capaz de ayudarme a transmitir pensamientos con mucha claridad necesaria. Cualquier lector que encuentre algún defecto con lo que está escrito debe entender que tú estabas trabajando con un escritor inexperto, y debes ser elogiado por tu trabajo. Tú eres una bendición y estoy agradecido de que hayas aceptado este proyecto.

Mike Brown – ¿Quién habría adivinado que dos miembros de nuestra fraternidad universitaria un día colaborarían en un recurso Bíblico de enseñanza para padres? Tu don siempre ha sido evidente, y oro que muchos niños sean inspirados por tu maravillosa obra de arte. Estoy muy contento de haber asumido este proyecto con un amigo y hermano en el Señor.

Antonio Chavez Jr. – Papá, nunca sabré cómo habría sido la vida si usted no hubiera muerto en un accidente cuando yo tenía 6 años. Quién fue usted cuando estaba vivo sigue siendo un misterio para mí de muchas maneras. Por todas las cuentas, usted fue el hombre que yo espero ser un día. Pero sepa esto, su ausencia ha sido un conductor en mi familia. No fue hasta la edad de 39 años que me afligió que su ser había desaparecido, preguntándome si hubiésemos sido amigos si nos hubiéramos conocido ese día. Ese fin de semana lleno de lágrimas, es un marcador en mi vida, y tanto como desearía que usted hubiese estado allí cuando estaba creciendo, ahora puedo agradecer a Dios por su muerte prematura. Ahora tengo un corazón para ser padre que podría no haber tenido, y este libro está enraizado en ese corazón. Cualquier ADN que tenga suya que refleje la bondad de Dios, se lo agradezco y espero ser su amigo cuando Jesús regrese.

Nuestros Contribuyentes Kickstarter – Un agradecimiento especial a todos los que figuran aquí y los muchos otros que dieron ayuda en traer este proyecto a vida.

Joe y Lindsay Rodden
La Familia Clarke
La Familia Shanks
La Familia Rozelle
Jinohn Renea
Ben y Gina Killmer
La Familia Embry
La Familia Berend
La Familia Barba
La Familia Rabalais
La Familia Bowman
La Familia Hull
La Familia Ullmann
La Familia Pierce
La Familia White
La Familia Ayers
La Familia Miller
Rich y Staci Cass
La Familia Michaelis
La Familia Schroyer
La Familia Lee
Cass Family Charitable Trust
La Familia Juergens
La Familia Jung

Sobre el Ilustrador

Michael Brown es un actor/director premiado de teatro y cine, así como un autor/ilustrador. Michael ha tenido una caricatura distribuida por King Features y una película de largometraje distribuido por Lionsgate. Disfruta de los desafíos únicos que cada medio artístico trae. Michael vive en Texas con su bella esposa, Cheree, y sus hijos: Abby, Luke, Lydia y Phoebe. Nunca tiene que mirar lejos del elenco de personajes que viven en su casa para encontrar una nueva inspiración artística. Visite a Michael en línea en www.browncowproductions.com.

www.ingramcontent.com/pod-product-compliance
Lightning Source LLC
LaVergne TN
LVHW060638110826
845147LV00018B/1004

* 9 7 8 1 6 3 2 9 6 9 0 5 7 *